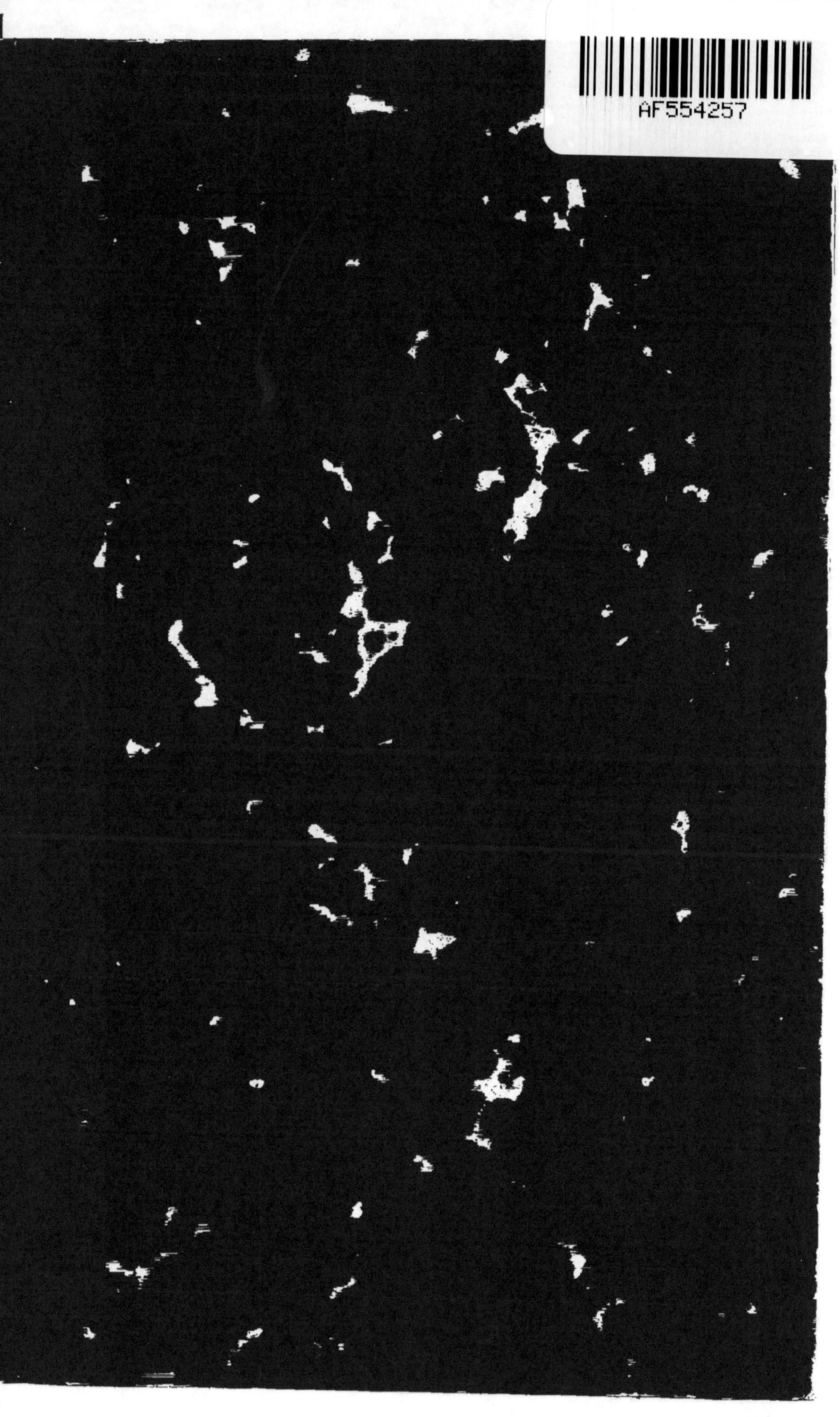

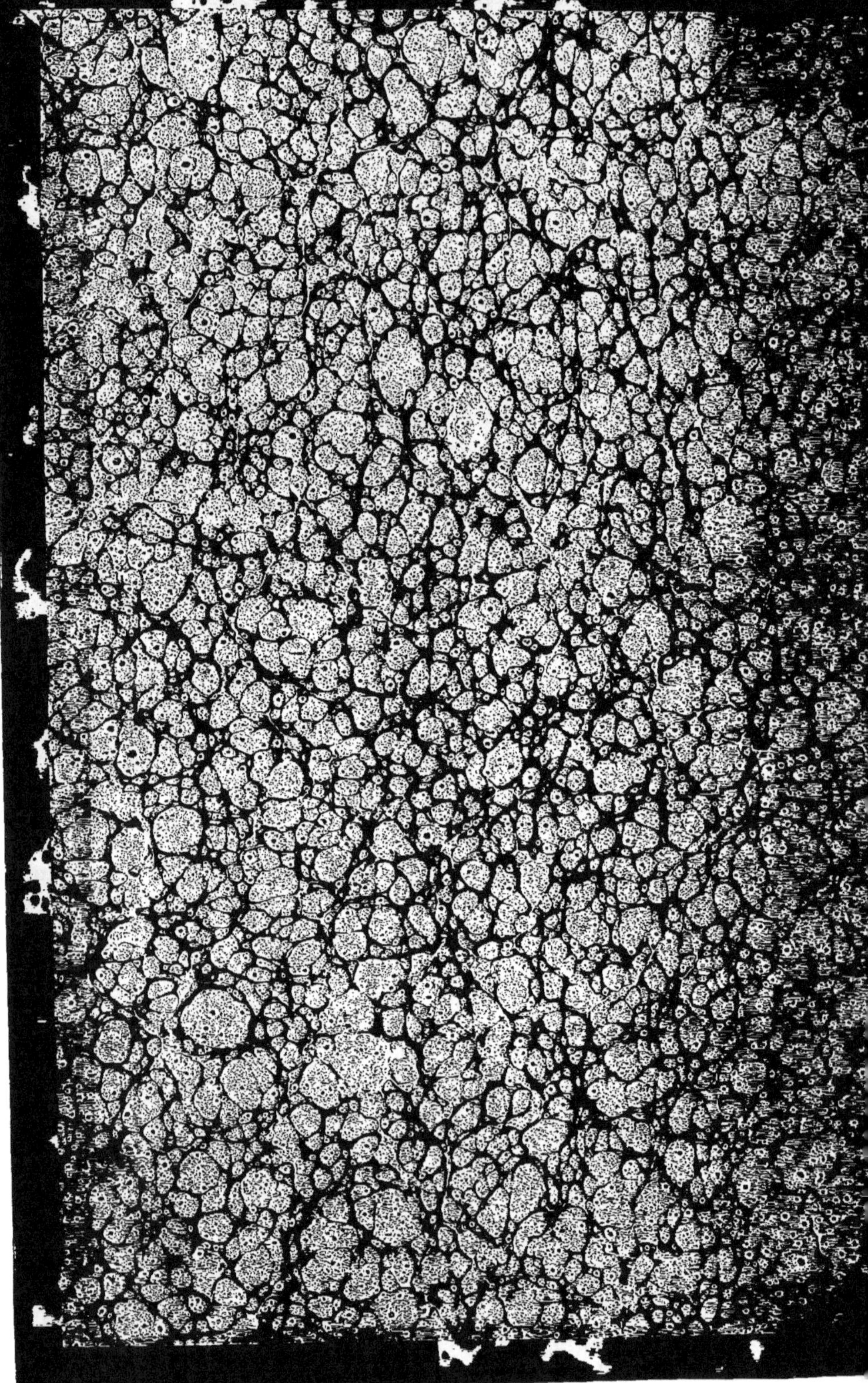

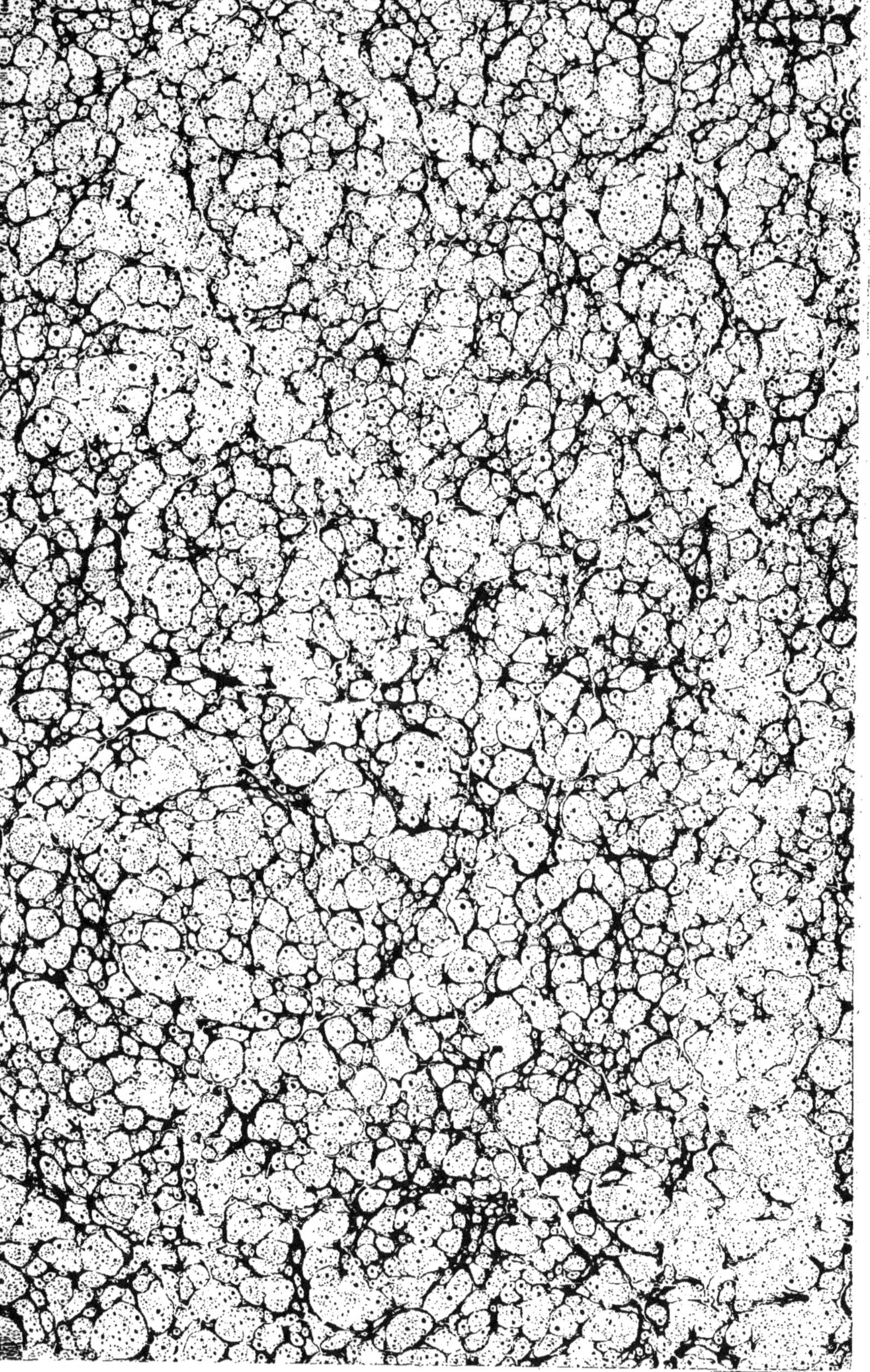

A

MONSIEUR MICHELET,

MAÎTRE DE CONFÉRENCES A L'ÉCOLE NORMALE.

Hommage de reconnaissance et d'admiration.

DES CAUSES

DE LA DÉCADENCE DE L'INDUSTRIE ET DU COMMERCE

EN ESPAGNE,

DEPUIS LE RÈGNE DE PHILIPPE II

JUSQU'A L'AVÉNEMENT DE LA DYNASTIE DES BOURBONS.

THÈSE

PRÉSENTÉE A LA FACULTÉ DES LETTRES DE PARIS

PAR

CHARLES WEISS,

Ancien Élève de l'École normale, Licencié ès lettres.

STRASBOURG,

DE L'IMPRIMERIE DE V.e BERGER-LEVRAULT,

RUE DES JUIFS, N.° 33.

—

1839.

DES CAUSES

DE LA DÉCADENCE DE L'INDUSTRIE ET DU COMMERCE

EN ESPAGNE,

DEPUIS LE RÈGNE DE PHILIPPE II

JUSQU'A L'AVÉNEMENT DE LA DYNASTIE DES BOURBONS.

INTRODUCTION.

Grandeur de l'Espagne sous le règne de Philippe II; tableau de sa décadence sous le règne de Charles II.

Au milieu du 16.e siècle l'Espagne était le royaume le plus florissant de l'Europe, et Philippe II le souverain le plus puissant de la chrétienté. La France, naguère si forte, était affaiblie par les guerres désastreuses de François Ier et par les partis religieux qui commençaient à la diviser. En Angleterre la reine Élisabeth n'était pas encore affermie sur le trône, et tant que vécut Marie Stuart, elle eut à lutter contre un parti nombreux et actif, qui se dévouait au triomphe de la reine d'Écosse et de la religion catholique. L'empereur d'Allemagne, Ferdinand Ier, était attaché à Philippe II par le double lien de la politique et de la parenté, et d'ailleurs les armes victorieuses de Soliman appelaient toute son attention vers l'Orient. Venise n'était plus déjà qu'un souvenir : depuis la découverte de l'Amérique et de la route maritime pour aller aux Indes, elle avait cessé d'être le centre du commerce pour les nations qui habitaient autour du bassin de la Méditerranée, et dès lors avait commencé pour elle cette agonie de trois siècles, qui finit à Bonaparte. Quant aux États du Nord, ils sortaient à peine de la barbarie, et n'influaient pas encore sur les destinées de l'Europe civilisée.

Ainsi la faiblesse des autres États rehaussait encore le prestige de la monarchie espagnole, déjà si redoutable par sa propre puissance. Philippe II régnait en souverain absolu sur les royaumes de Castille, d'Aragon et de Navarre; sur Naples, la Sicile, le Milanais, le Roussillon, la Flandre et la Franche-Comté. Son autorité était reconnue à Oran, au cap Vert, aux îles Canaries. Il possédait dans le nouveau monde ce mystérieux Eldorado, dont les trésors pouvaient le rendre l'arbitre des destinées de l'Europe. Maître des plus belles provinces des deux mondes, il disait avec raison, que le soleil ne se couchait jamais dans ses États.

Pour maintenir dans l'obéissance tant de nations différentes de langue, d'origine et de coutumes, Philippe II disposait d'une armée de vétérans, renommés par leur discipline sévère, par leur patience à supporter les privations et les fatigues, et par leur audace dans les combats. L'infanterie espagnole était alors la première infanterie de l'Europe. Elle avait fait ses preuves à Ravenne, à Pavie, à Muhlberg, à Saint-Quentin. Don Juan d'Autriche, le duc d'Albe, le prince de Parme, étaient des officiers dignes de commander à de pareils soldats. La réduction des Maures des Alpujarras et la glorieuse victoire de Lépante, qui sauva la chrétienté, rendront à jamais célèbre le nom de Don Juan d'Autriche. Le duc d'Albe fit preuve d'une habileté consommée, lorsqu'il accomplit avec succès la périlleuse entreprise de conduire une armée d'Italie en Flandre, et lorsqu'il fit pour son maître la conquête d'un royaume, dont les destinées restèrent pendant soixante ans liées à celles de l'Espagne. Le prince de Parme était le premier tacticien de son siècle; sa marche à travers une partie de la France, pour dégager Paris, rebelle à son roi et assiégé par une armée nombreuse, est un fait d'armes qui le place à côté des plus grands capitaines qui aient paru dans les temps modernes.

Si l'on songe, que Philippe II commandait en maître à de pareilles armées, à de pareils généraux; si l'on songe, qu'il suffisait de sa signature et de son seing royal, pour transmettre jusqu'aux limites les plus lointaines de ses États, des ordres qui étaient aussitôt exécutés, alors on concevra qu'un seul homme pouvait menacer la liberté du monde, et le rêve de la monarchie universelle qu'on prête au fils de Charles-Quint, paraîtra autre chose qu'une vaine chimère, inventée par la peur et propagée par la crédulité.[1]

A cette même époque l'Espagne était florissante par son agriculture, son industrie et son commerce. On a dit souvent et avec raison, que l'Espagne peut se suffire à

1 « Il est vrai, disait aux Vénitiens le théologien de leur république, Paolo Scarpi, que cette bête (l'Espagne) a près d'elle deux venins qui la suivent, le Turc sur mer et la France sur terre, et de plus le cautère de la Hollande. » Il ajoutait : « Si Philippe II n'avait eu pour ennemis la mer et le ciel, il aurait enchaîné l'Afrique et l'Angleterre, et Paris serait un village. »

elle-même, sans rien tirer de l'étranger[1]. En effet, elle possède toutes les choses nécessaires à la vie, et ses productions sont généralement d'une qualité remarquable. Le blé n'y perd que cinq pour cent à la mouture, tandis qu'il en perd quinze partout ailleurs. Les olives y sont deux fois plus grosses qu'en Provence. Les vins de Xérès, de Malaga, d'Alicante, sont célèbres et recherchés. Les laines espagnoles feront toujours l'admiration des autres peuples. C'est en Espagne seulement, que l'on trouve l'aloès et le palmier sans traverser le désert, et des plantations de cannes à sucre, entretenues par des mains libres qui ne réclament point l'assistance de l'esclave.[2] Enfin, l'Espagne produit des fruits exquis, du miel, de la cire, du gibier en abondance, de la soie, du lin, du chanvre, les minéraux les plus divers. Aussi les étrangers achètent-ils une foule de ses productions, car il y a peu de contrées qui aient été aussi favorisées par la nature.

Or, au 16.e siècle les Espagnols tiraient parti de ces bienfaits de la Providence. Toutes les classes de la nation se livraient à un travail assidu. L'agriculture surtout était en honneur : la huerta de Valence, sillonnée par des canaux et des aqueducs sans nombre, présentait l'aspect d'un magnifique jardin. Le royaume de Grenade, encore peuplé par l'élite des descendants des Arabes, étalait partout les richesses de la plus belle agriculture du monde. Aussi nourrissait-il alors une population d'environ trois millions d'âmes[3]. La plaine de la Véga, arrosée par le

1 M. A. Gandara, *Apuntes sobre el bien y el mal de España.* *Ap. Bibliotheca selecta de litteratura española.* Bordeaux, 1819, t. Ier, p. 318.

2 De Laborde, Itinéraire descriptif de l'Espagne. Introduction, p. 120.

3 Nous avons admis ce chiffre d'après Moreau de Jonnès (Statistique de l'Es-

Xénil, était renommée par sa fertilité, qui tenait du prodige. On l'attribuait aux flots de sang, dont cette plaine avait été arrosée pendant les dernières luttes entre les Maures et les chrétiens; mais, sans doute les sueurs des hommes avaient contribué plus que leur sang à la féconder. Partout des réservoirs et des canaux d'arrosage distribuaient les eaux dans les terrains les plus élevés, les plus arides. Aussi les habitants du royaume de Grenade étaient-ils parvenus à réunir les plantes des tropiques à celles de l'Europe. Ils cultivaient en plein air le bananier, le pistachier, le myrte, le sésame, et ils appelaient Grenade le paradis du monde. Encore aujourd'hui la vallée arrosée par le Douro, porte le nom de *val parayso* ou vallée du paradis[1]. En Castille et en Andalousie l'agriculture n'était pas moins florissante. Ces deux provinces fournissaient à leurs habitants une nourriture abondante; on pouvait même en exporter annuellement des céréales, pour subvenir aux besoins de l'étranger.

Les produits manufacturés de l'Espagne étaient recherchés sur les principaux marchés de l'Europe. Tout le monde connaît la célébrité des lames de Tolède et celle des fabriques de maroquins de Cordoue, dont la qualité supérieure a été cause que ce genre de pelleterie a pris le nom de cordoban. S'il faut en croire les écrivains espa-

pagne, p. 44), malgré le peu de confiance que cet écrivain nous inspire d'ailleurs. Les Arabes de toutes les parties de l'Espagne ayant reflué peu à peu vers le royaume de Grenade pour échapper à la domination des chrétiens, une population nombreuse a dû s'agglomérer à la fin dans cette province. Or l'époque dont nous parlons étant antérieure à la grande insurrection de 1570, qui eut pour résultat la dispersion des Maures de Grenade par toutes les provinces de l'Espagne, nous avons cru pouvoir adopter le chiffre de trois millions donné par Moreau de Jonnès.

1 Journal du voyage d'Espagne fait en 1659, à l'occasion du traité de la paix, p. 72.

gnols, qui ne sont pas toujours exempts d'une certaine exagération patriotique[1], il y aurait eu en Espagne, pendant la première moitié du 16.e siècle, un nombre incroyable de métiers à tisser. Ils disent qu'en 1519 il y avait à Séville 16,000 métiers à soieries, et 130,000 ouvriers employés à la fabrication des étoffes de soie et des tissus de laine[2]. A Ségovie, suivant eux, se trouvaient 34,200 ouvriers employés à la manufacture des draps; ils fabriquaient 25,000 pièces par an, et consommaient quatre millions et demi de livres de laine. Les draps de Ségovie étaient réputés les plus beaux de l'Europe. Il est certain, que les peuples les plus industrieux de l'Europe moderne ne sont pas parvenus encore à donner à leurs broderies, à leurs tissus de soie, d'or et d'argent, cette solidité, cette élégance et cette perfection, qu'on admire après deux siècles dans les produits des anciennes manufactures de l'Espagne[3]. Témoin les ornements d'autel que Philippe II a donnés à la sacristie de l'Escurial, et qui furent fabriqués à Séville; témoin les étoffes, dites de Damas, que ce même prince fit fabriquer à Talavera, pour orner une chapelle de l'Escurial, et qui ne le cèdent en rien à tout ce que les fabriques modernes ont pro-

1 Voici un fait qui peut donner une idée de l'ignorance de quelques-uns des écrivains de l'Espagne, qui font des tableaux si pompeux de l'ancienne prospérité de leur patrie. MARTINEZ DE LA MATA prétend qu'en 1624 il y avait à Tolède 200 fabriques de bonnets de couleur écarlate et qu'il en sortait par an 8,816,000 de ces bonnets qu'on vendait aux Maures du royaume de Grenade et de l'Afrique. Or Philippe II avait depuis longtemps défendu aux Maures de porter le costume de leurs ancêtres, et son successeur les avait expulsés d'Espagne en 1609. Ainsi les fabriques de Tolède n'auraient plus trouvé depuis longtemps de débouché pour leurs marchandises, si elles avaient subsisté en 1624.

2 MOREAU DE JONNÈS, Statistique de l'Espagne, p. 144.

3 GANDARA, *Apuntes sobre el bien y el mal de España.* *Ap. Bibliotheca selecta de litteratura española.* Bordeaux, 1819, t. Ier, p. 319.

duit de plus fini. Lyon, Nîmes, Paris, Londres n'ont jamais possédé des manufactures comparables à celles qui existaient autrefois à Tolède, à Grenade, à Séville et à Ségovie, quoique, sans aucun doute, leurs manufactures soient infiniment supérieures à celles de l'Espagne d'aujourd'hui.

Le commerce ajoutait encore aux richesses de la nation. A la seule foire de Médina del Campo, il se fit en 1563 des affaires pour 150 millions d'écus, et dans les années précédentes ce chiffre avait été dépassé[1]. La ville de Barcelonne exportait ses étoffes de laine dans le royaume de Naples, en Sicile, en Cerdagne, et jusqu'en Égypte, en Syrie et dans les autres contrées du Levant; le commerce du corail, qu'on pêchait sur les côtes de la Catalogne et de la Barbarie, était pour cette cité industrieuse une source inépuisable de richesses. Enfin, Barcelonne exportait dans les pays étrangers une foule de productions de l'Espagne, telles que le blé, le sel, le plomb, le fer, l'acier, du vin, des légumes, des bois de construction, et avant tout du safran d'une qualité supérieure, que l'on cultivait à Cervera, à Montblanch, à Sagarra, à Orta.[2] Les autres provinces maritimes n'étaient pas moins commerçantes. Une foule de vaisseaux marchands sortaient tous les ans de Valence, de Carthagène, de Malaga, de Cadix, et apportaient en Asie mineure, en Afrique, aux Indes orientales, au Mexique et au Pérou les produits de l'industrie espagnole. Suivant Campomanès et Olmeda[3], il

1 Gandara, p. 321.

2 D. Antonio de Capmany, *Memorias historicas sobre la Marina, Comercio y Artes de Barcelona.* Madrid, 1779, t. I.er, *parte segunda*, p. 239-260.

3 Olmeda, *Derecho publico de la Paz y de la Guerra.* Madrid, 1771, t. II, p. 193.

y avait en 1586 plus de 1000 vaisseaux marchands dans les ports de l'Espagne, dont environ 200 sur les côtes de la Biscaye, qui étaient employés à la pêche de la baleine près de Terre-Neuve, ou qui faisaient le commerce des laines en Flandre; 200 dans les ports de la Galice et des Asturies, qui faisaient le commerce des fruits et d'une foule d'articles manufacturés en Flandre, en France, en Angleterre et en Andalousie; 400 qui appartenaient à des marchands de l'Andalousie, et qui commerçaient avec les Indes et les îles Canaries; et 400 dans les ports du Portugal, récemment soumis à la domination de l'Espagne. Plus de 1500 vaisseaux d'un rang inférieur contribuaient à vivifier le commerce, en entretenant des relations nombreuses et faciles entre les principaux ports du royaume. Ainsi la marine marchande de l'Espagne était alors supérieure à celle de la France, et même à celle de l'Angleterre et de la Hollande.

Mais l'Espagne ne dominait pas seulement en Europe par la supériorité des armes, de l'industrie et du commerce, elle dominait aussi par la supériorité de l'intelligence. Le règne de Philippe II fut fécond en grands hommes. C'est l'époque de Navarrête, surnommé l'Apollon espagnol; de Jean Baptiste de Tolède, qui fit le dessin de l'Escurial; d'Herrera, qui acheva cet immense édifice, dont la beauté sévère est si conforme au génie sombre de Philippe II. Vers la fin de son règne et sous le règne de son fils, l'Espagne produisit Ribera, dit l'Espagnolet; Vélasquez, Alonzo Cano, Zurbaran et Murillo, dont la France apprécie aujourd'hui les chefs-d'œuvre. En littérature on vit paraître Don Alonzo de Ercilla, Cervantès, Lope de Vega. Pendant que les armées de Philippe II portaient jusque dans les contrées les plus lointaines la gloire du nom espagnol, Ercilla écrivait au milieu des combats son poëme que Voltaire place à côté des chefs-d'œuvre d'Homère, de Virgile, de Camoëns et de Milton. Et certes, l'Araucana ne manque ni d'inspiration, ni d'originalité. On y trouve cette éloquence mâle, incisive, militaire, qui naît sous la tente et dans laquelle on reconnaît et le poëte et le soldat. Cervantès, revenu mutilé de la glorieuse journée de Lépante, écrivait son immortelle satire, et prenait place à côté des plus grands écrivains de tous les siècles; et en même temps il restaurait l'art dramatique en Espagne, en faisant paraître sa Numancia, digne des Perses d'Eschyle; car on y trouve le même entraînement, la même vigueur, le même patriotisme que dans le poëte athénien. Lope de Vega, ce soldat de fortune échappé du naufrage de la flotte invincible, faisait admirer à l'Espagne et à l'Europe entière son imagination à la fois si brillante et si féconde. De ses 2,200 pièces de théâtre, plusieurs ont été traduites dans toutes les langues civilisées. Lorsqu'il paraissait dans les rues de Madrid, la foule enthousiaste le saluait du nom de prodige de la nature, pendant que le grave Philippe II le regardait des fenêtres de son palais, tout fier de compter au nombre de ses sujets un homme qui faisait l'ornement de son siècle et de sa patrie. Citons enfin les noms si justement célèbres de Montemayor, d'Alarcon, de Moreto, de Tirso de Molina[1], de Solis, d'Hurtado de

1 C'est l'auteur de cette pièce si connue sous le nom de Don Juan, et qui a été si souvent imitée depuis. Le véritable nom de cette pièce est : Le convié de pierre (*el convidado de piedra*), et non pas le festin de pierre, comme on a presque toujours traduit.

Mendoza, et celui de Quevedo, que Sismondi appelle le Voltaire de l'Espagne.

La littérature espagnole répandait alors un éclat si vif, qu'elle servit de modèle aux étrangers. Si dans le 19.e siècle les écrivains français ont les yeux tournés vers l'Allemagne, si dans le 18.e ils étudiaient de préférence les institutions et la littérature anglaises, au 17.e, c'était l'Espagne qui exerçait sur la France cette attraction toute-puissante du génie. Rotrou, Quinault, Corneille, se sont formés en partie à l'école de Lope de Vega et de ses successeurs. C'est à l'Espagne que nous devons peut-être le poëte qui a eu le plus d'esprit avant Voltaire : Molière avoue que s'il n'avait pas lu le Menteur, il n'aurait pas songé à faire des comédies; or, c'est un poëte espagnol, Alarcon, qui a fourni à Corneille le sujet du Menteur. Voiture, Scudéry, Durfé, Boisrobert et tous ces écrivains qui procèdent de Richelieu, de Mazarin et d'Anne d'Autriche, sont profondément empreints du goût espagnol. Leur style habituellement tendu, leur langage emphatique et guindé, l'exagération des sentiments qu'ils prêtent à leurs héros, tout en eux atteste à quelles sources ils ont puisé. Et non-seulement les mœurs castillanes prirent possession de la scène française; la langue espagnole elle-même sembla prête à envahir la nôtre, et elle la chargea du poids de ses mots sonores[1]. Il parut de bon ton, dans la haute société, d'adopter ce langage élogieux, ces compliments harmonieux et vides, que les Espagnols adressaient aux femmes et aux grands, et qu'ils ont

1 Les mots *manganilla* (manigance), *caballero* (cavalier ou jeune homme à la mode), *galan* (galant), n'ont été reçus dans la langue française que sous le règne de Louis XIII.

nommés si spirituellement une musique céleste[1]. Ce fut pendant longtemps une mode en France et en Angleterre d'envoyer les jeunes gens nés de familles distinguées à Madrid, pour se former aux manières et à la politesse castillanes. A Paris et à Londres les hôtels des ambassadeurs d'Espagne étaient le rendez-vous de la société élégante; et les Espagnols exerçaient partout à l'étranger cette supériorité morale qui ne fut acquise aux diplomates français que sous le règne de Louis XIV.

Mais les conditions de la durée manquaient à tant de grandeur et de prospérité. La monarchie espagnole commença à décliner vers la fin du règne de Philippe II, et elle acheva de s'épuiser et de déchoir sous les règnes désastreux de ses successeurs. A la fin du 17.e siècle, elle se trouvait réduite au rang d'une puissance secondaire. Après avoir dominé en Europe par la supériorité des armes, de la richesse et de la littérature, elle fut dominée à son tour par la France et l'Angleterre, qui n'attendaient plus que la mort d'un prince débile pour la démembrer et pour se partager ses dépouilles.

Et d'abord ses armées de terre se trouvaient dans l'état le plus déplorable. L'Espagne, qui sous le règne de Philippe II avait entretenu des armées formidables dans toutes les parties du monde, était réduite à un effectif de 15,000 hommes de troupes réglées[2]. Ce chiffre paraîtrait incroyable, s'il n'était attesté par Campomanès et confirmé par un témoin oculaire. Le comte de Rebenac, am-

1 Par exemple au lieu de saluer quelqu'un, on lui disait : Je vous baise les pieds. C'est le : *dadmi essos piés*, de Lope de Vega et de Caldéron.

2 Campomanès, *Apendice à la Educacion popular,* t. Ier, p. 296. Madrid, 1775.

bassadeur extraordinaire de France en Espagne, pendant les années 1688 et 1689, écrivit à Paris, qu'il y avait alors dans ce royaume un corps de cavalerie de 3000 hommes, et que l'infanterie était tellement semée dans tous les ports et dans toutes les villes du royaume, qu'il était difficile d'en connaître le nombre juste. Il ajoute cependant qu'il y avait tout au plus 10,000 hommes effectifs, et qu'on faisait des levées qui pouvaient aller jusqu'à 4000 ou 5000 hommes[1]. Encore les deux tiers de cette armée étaient-ils composés d'enfants au-dessous de quinze ans, ou de vieillards au-dessus de soixante.

Gourville qui avait séjourné quelque temps en Espagne et à Madrid, et qui avait tout vu avec ce talent d'observation qu'il possédait à un degré si éminent, se vante d'avoir fait connaître le premier aux ministres de Louis XIV l'état de faiblesse où se trouvait cette monarchie, dont le nom était encore entouré d'un si grand prestige chez les nations étrangères. Il dit dans ses Mémoires qu'il conseilla à Louvois d'envoyer le prince de Condé en Espagne pour mettre le siége devant Pampelune, avec une armée de 18,000 fantassins et de 6000 chevaux; il l'assurait que, cette ville prise, l'armée pourrait facilement pénétrer jusqu'au cœur du royaume et même jusqu'à Madrid, parce qu'il se trouverait tout au plus 2000 ou 3000 hommes en état de s'opposer à sa marche[2]. On comprend, d'après ces faits, pourquoi Louis XIV n'eut qu'à *envoyer ses laquais,* pour prendre possession de la Franche-Comté.

1 Mémoire du comte de Rebenac sur son ambassade d'Espagne, du 20 mai 1689. *Ap.* Manuscrits français de la bibliothèque du Roi, Supplément français, n.° 63, folio 233 et 234.

2 Mémoires de Gourville, *ap.* Collection Petitot, 2.e série, t. LII, p. 431.

La marine était depuis longtemps comme anéantie. Le comte de Rebenac ne compta dans les ports d'Espagne que vingt-six vaisseaux de guerre en état de servir; encore n'était-il pas possible de les armer tous à la fois. Il y en avait quelques autres encore, mais qui étaient hors de service à cause de leur vétusté[1]. C'était une faveur d'être reçu sur les galions, tant pour les matelots que pour les soldats, car il leur était facile de faire des profits immenses. Les capitaines des galions s'efforçaient d'ailleurs, d'en recruter de bons et d'expérimentés, mais il leur était impossible d'en trouver en Espagne. Ce royaume qui avait armé 100 vaisseaux pour combattre les Turcs à la bataille de Lépante, et qui en avait réuni 175 contre l'Angleterre, était réduit, sous Charles II, à recourir aux Anglais pour le transport des tabacs de la Havane et pour le courrier des Canaries[2], et à emprunter à des navigateurs génois des matelots et des vaisseaux pour le service du nouveau monde[3]. Il arriva en 1670 qu'une troupe de flibustiers anglais pillèrent, sous la conduite de Morgan, la ville et la colonie de Porto-Bello, et l'Espagne n'entreprit pas même de se venger de cette insulte. Lorsque Louis XIV eut été proclamé roi de Sicile à Messine, les Espagnols implorèrent les secours de la Hollande, et quoique l'amiral Ruyter fût venu les joindre avec vingt-trois grands vaisseaux de guerre, les Français ne s'en maintinrent pas moins pendant deux ans à Messine et dans une partie de la Sicile.

1 Mémoire du comte de Rebenac, folio 235.

2 Ulloa, 2.e partie, p. 26.

3 Mignet, Négociations relatives à la succession d'Espagne, Introduction, p. 29. — *Ibid.* Partie II, Section II, p. 364, Dépêche de l'archevêque d'Embrun du 1.er février 1665.

En même temps l'Espagne s'était appauvrie par la décadence de son agriculture, de son industrie et de son commerce. A la fin du 17.e siècle, il y avait des provinces entières qui ressemblaient à des déserts. De nombreux villages, habités jadis par des populations agricoles, étaient tombés en ruine. Dans le seul royaume d'Aragon il s'en trouvait 149 d'inhabités.

Les manufactures étaient en décadence dans toutes les provinces de l'Espagne, et le plus grand nombre avait disparu. En 1673 le nombre des métiers à soieries de Séville était réduit à 405 [1]. En 1788 il ne sortait plus des manufactures de Ségovie, jadis si renommées, que 400 pièces de drap fort imparfait. Un petit nombre seulement de manufactures de soieries, de lainage, de velours ciselés, avaient subsisté à Grenade, à Tolède et à Cordoue [2]. Dans les villes de Castille, jadis si industrieuses, on ne voyait plus guère que des églises, des couvents et des hôpitaux, qui avaient survécu à la misère générale.

Le commerce était entièrement tombé. L'Espagne, qui jadis exportait dans les contrées les plus lointaines les produits de son industrie, était réduite à s'adresser à l'étranger pour fournir à ses besoins et à ceux de ses colonies. Ce furent alors les marchands de Hollande, de France, d'Angleterre, de Gènes, de Hambourg, qui approvisionnèrent l'Espagne, le Mexique et le Pérou des produits de leurs manufactures.

Si le règne de Charles II est l'époque de la plus grande nullité politique de l'Espagne, et de la décadence la plus

1 Moreau de Jonnès, Statistique de l'Espagne, p. 144.

2 Mémoire du comte de Rebenac, *ap.* Manuscrits français de la bibliothèque du Roi, Supplément français, n.° 63, folio 57.

complète de son agriculture, de son industrie et de son commerce, c'est aussi l'époque du dernier degré d'abaissement de sa littérature. Ce qui était arrivé pour la littérature en Italie, arriva également pour celle de l'Espagne. Elles déclinèrent l'une et l'autre environ 50 ans après que les deux pays eurent perdu leurs libertés. Il est vrai, sans doute, que Cervantès et Lope de Vega brillèrent en partie sous Philippe III; il est vrai aussi que Caldéron ne parvint à l'apogée de sa gloire que sous le règne de Philippe IV. Mais, indépendamment du caractère de leur siècle, ces trois écrivains ont avant tout leur génie individuel; ensuite ils étaient comme portés par l'élan général de la nation qui ne déclina pas tout d'un coup, et qui ne tomba entièrement que vers la fin du 17.e siècle. A cette époque le génie de l'Espagne parut comme éteint; elle ne produisit plus ni grands artistes, ni écrivains dont les noms puissent être cités à côté de ceux de Caldéron, de Lope de Vega et de Cervantès. Au milieu des calamités publiques, lorsque la ruine de la monarchie espagnole devenait de plus en plus imminente, la vie de chacun se resserrait dans la sphère de ses intérêts matériels, et toute vie intellectuelle finit par disparaître.

Examiner les motifs d'une décadence si rapide, et démontrer par quel enchaînement de causes l'Espagne déchut si vite du rang qu'elle avait occupé en Europe, et perdit à la fois sa prépondérance militaire, la supériorité de sa littérature, et son agriculture, son industrie et son commerce, qui avaient contribué si longtemps à l'enrichir, ce serait là sans doute le sujet d'un ouvrage plutôt que d'une thèse. Forcé de nous restreindre, nous nous bornerons à l'examen critique des causes qui ont eu pour résultat la ruine de l'industrie et du commerce en Espagne pendant le 17.e siècle; nous traiterons complétement ce point spécial dans la mesure de nos forces, et en attendant que nous puissions tirer parti des textes que nous avons recueillis, pour éclaircir notre sujet sous toutes ses faces, nous offrons à nos juges d'en présenter le développement de vive voix.

Pour procéder méthodiquement, nous examinerons à part les causes qui ont contribué à la ruine de l'industrie, et celles qui ont contribué à la ruine du commerce, quoique cette distinction ne soit pas rigoureusement exacte.

Nous montrerons dans une première partie l'Espagne se dépeuplant pendant le 17.e siècle, et les manufactures manquant de bras pour les soutenir; les trésors du nouveau monde, accumulés en Espagne, y répandant le goût du luxe et de la mollesse, toutes les classes de la nation livrées à l'oisiveté, et l'exercice des arts mécaniques frappé d'une réprobation générale; enfin, Philippe II et ses successeurs épuisant en entreprises gigantesques les ressources de cette nation qui cesse de produire, et forcés d'établir des impôts nouveaux et onéreux, qui achèvent la ruine de l'industrie.

Dans une seconde partie, nous montrerons la ruine de l'industrie entraînant la ruine du commerce; l'Espagne devenue tributaire de l'industrie des autres nations, et le commerce de contrebande avec ses colonies s'organisant presque ouvertement; nous montrerons ensuite l'insuffisance des mesures auxquelles le gouvernement avait recours pour ranimer le commerce; enfin, nous essayerons d'apprécier quelques causes secondaires qui, à diverses époques, ont contribué à le faire tomber.

PREMIÈRE PARTIE.

Des causes de la ruine de l'industrie.

CHAPITRE PREMIER.

La cause première de la décadence de l'industrie en Espagne, ce fut la dépopulation sans cesse croissante de ce royaume, depuis la mort de Philippe II jusqu'à l'avénement de la maison de Bourbon. Les manufactures tombèrent en ruine, parce que les bras manquèrent pour les soutenir. Nous allons étudier, par quel fatal enchaînement de circonstances l'Espagne perdit dans l'espace d'un siècle près de la moitié de ses habitants.

Pour éviter une nouvelle effusion de sang, les rois catholiques, sortis victorieux d'une lutte de huit siècles, avaient conçu le projet de donner à leur royaume l'unité religieuse la plus stricte, la plus complète. Ferdinand et Isabelle commencèrent cette œuvre; leurs successeurs, témoins des luttes sanglantes dont la France, l'Allemagne et l'Angleterre étaient le théâtre depuis la prédication de la réforme, voulurent épargner à l'Espagne des discordes semblables, en resserrant encore cette unité religieuse, qu'ils voyaient menacée par de nouveaux ennemis. C'est pourquoi ils aimèrent mieux voir diminuer le nombre de leurs sujets, que de régner sur des hommes rebelles à la foi catholique. Une politique magnanime, mais imprudente, les entraîna ainsi dans une série de mesures, dont l'effet immédiat fut la dépopulation de l'Espagne.

2

Déjà en 1492 Ferdinand le Catholique avait rendu un édit qui condamnait à l'exil tous les juifs qui refuseraient de recevoir le baptême. Ce n'est pas ici le lieu de discuter la convenance de cette mesure, ni d'examiner si les juifs étaient réellement les complices des Maures de Grenade; il nous suffit de constater que l'Espagne perdit alors un nombre considérable de ses habitants les plus industrieux. Mariana porte à 800,000 le nombre des juifs, qui aimèrent mieux partir pour l'exil que de renoncer à leur religion.

Presque à la même époque le tribunal de l'inquisition avait été institué pour surveiller et poursuivre les *nouveaux chrétiens* qu'on accusait de pratiquer secrètement le culte de Moïse. Dirigée à l'origine contre les *chrétiens judaïsants,* l'inquisition reçut bientôt la mission de veiller à la conduite des Maures nouvellement convertis. Puis enfin elle fut chargée d'empêcher les doctrines protestantes de se propager en Espagne. L'inquisition accomplit cette triple mission, et pendant trois siècles elle maintint l'unité religieuse dans le royaume; mais elle n'y parvint que par des moyens d'une violence extrême. Dans une seule année, le tribunal du saint office établi à Séville fit brûler en personne 2000 condamnés; 2000 autres furent brûlés en effigie, et 17,000 condamnés à diverses pénitences[1]. Suivant Llorente, l'inquisition, depuis son origine jusqu'à son abolition en 1808, a fait brûler en personne 31,912 Espagnols, 17,659 en effigie, et elle a condamné à des peines rigoureuses 291,450 personnes, ce qui donne un total de 341,021 Espagnols, condamnés les uns à mort, les autres à des peines qui entraînaient

1 Voyez MARIANA, année 1482.

toutes une flétrissure morale et la confiscation des biens.[1] Ainsi l'inquisition ruina et avilit plus de 340,000 personnes, dont l'opprobre rejaillissait sur leurs familles, et qui ne transmettaient à leurs enfants que la misère et la honte. Qu'on ajoute plus de 100,000 familles qui émigrèrent pour échapper aux poursuites de ce tribunal de sang[2], et l'on reconnaîtra que l'inquisition a été un instrument actif de la dépopulation de l'Espagne. Mais ce ne fut pas tout : en faisant planer incessamment la menace des tortures et de la mort sur tant de milliers d'habitants, qui étaient restés en Espagne et qui pratiquaient secrètement un autre culte que le culte prescrit, le tribunal de l'inquisition paralysait leurs bras et détruisait cette confiance en l'avenir et cette sécurité sans lesquelles l'ouvrier se décourage et se dégoûte de son travail. Le Vénitien Navagero avait prédit que l'établissement du saint office à Grenade entraînerait la ruine des manufactures de soie, qui faisaient la richesse de cette ville industrieuse, et sa prédiction finit par se réaliser.[3]

Mais l'acte le plus désastreux que provoqua l'inquisition, ce fut l'expulsion des Maures. Notre but n'est pas de discuter en ce moment l'opportunité de cette mesure célèbre, ni d'examiner si les Maures d'Espagne étaient d'accord avec leurs frères d'Afrique, s'ils favorisaient les descentes des barbaresques sur les côtes de la Catalogne, de l'Andalousie, des royaumes de Valence, de Murcie et de Grenade; nous ne voulons que constater ce résultat,

1 Llorente, Histoire critique de l'inquisition d'Espagne, t. IV, p. 271.

2 Llorente, t. I.er, p. 235.

3 Voyez Ranke, Princes et peuples de l'Europe méridionale pendant le 16.e et le 17.e siècle (en allemand), t. I.er, p. 402.

que l'Espagne perdit en une année deux millions d'habitants, c'est-à-dire, environ la quatrième partie de sa population. Ce fut pour elle une perte irréparable; l'industrie surtout en reçut une atteinte funeste. Il suffit, pour s'en convaincre, de lire le rapport de Don Juan de Ribera, archevêque de Valence[1], dans lequel il demande au roi l'expulsion des Maures, le priant seulement de faire une exception en faveur de ceux qui habitent les royaumes de Valence et d'Aragon; « *car*, dit-il, *les Maures* « *qui habitent ces deux royaumes, possèdent plusieurs arts* « *inconnus aux chrétiens, pour subvenir aux besoins et aux* « *commodités de la vie. Or, si tous ces infidèles étaient* « *expulsés en même temps, les arts qu'ils cultivent seraient* « *perdus pour jamais, et cette perte transformerait ce pays* « *en un séjour sauvage, habité par la désolation.* » On ne fit pas droit à cette prière de l'archevêque de Valence: tous les Maures d'Espagne furent enveloppés dans une même proscription. Toutefois il fut permis aux barons de choisir six familles sur cent, pour demeurer en Espagne, « *afin d'apprendre aux chrétiens à soutenir les manufactures* « *que les Maures avaient fait prospérer jusqu'alors, et de* « *les perfectionner dans le raffinage des sucres, dans la* « *conservation des magasins à riz, et dans l'entretien des* « *canaux et des aqueducs.*[2] »

On voit que les Maures étaient en possession presque exclusive d'un grand nombre de manufactures de l'Espagne. Le secret de la fabrication du papier fut perdu avec eux; les Génois en profitèrent, et l'importation de cet article en Espagne et aux Indes finit par leur rapporter

1 FONSECA, *Justa Expulsion de los Moriscos. Roma*, 1612.

2 Voyez la proclamation de Philippe III dans FONSECA, p. 215-218.

plus de 500,000 piastres par an[1]. Pendant longtemps ils avaient fait fleurir les manufactures de soie, de coton, de cuirs maroquinés : après leur départ toutes ces manufactures ne firent plus que languir, et à la fin elles tombèrent entièrement. Tels furent les résultats immédiats de l'édit de Philippe III. La race infortunée des Maures ne laissa dans le pays, conquis jadis par ses ancêtres, que la tradition de la plus belle agriculture du monde, et d'une industrie qu'aucun peuple n'avait encore égalée.

A l'extérieur les rois d'Espagne soutinrent une lutte gigantesque pour défendre la foi catholique, alors attaquée de toutes parts. Mais cette lutte était disproportionnée avec les forces de la monarchie. Des milliers d'Espagnols perdirent la vie sur les champs de bataille en Flandre, en Allemagne, en Afrique, lorsque leurs bras auraient été nécessaires pour soutenir les manufactures de l'Espagne. Cette guerre, qui se prolongea pendant 100 ans, fut d'autant plus funeste à la monarchie espagnole, qu'elle se trouvait forcée de disperser ses soldats sur toutes les parties du monde, pour garder des provinces éloignées et d'une étendue immense. Les forteresses du royaume de Naples et du Milanais, celles de la Flandre et de la Franche-Comté, exigeaient des garnisons nombreuses pour maintenir dans l'obéissance des provinces incessamment agitées par l'esprit de révolte, où pour les défendre contre des attaques du dehors. Les anciennes colonies portugaises, conquises par l'Espagne sous Philippe II, étaient occupées par des troupes qui veillaient sans cesse au maintien de la sécurité publique. Ces trou-

1 Ustariz, Théorie et pratique du commerce et de la marine, traduit de l'espagnol; 1.re partie, p. 36.

pes étaient échelonnées sur les points les plus menacés du littoral de l'Afrique et sur toutes les côtes de l'ancienne Inde portugaise. La plupart des soldats qu'on envoyait ainsi loin de leur patrie, se mariaient et mouraient à l'étranger[1]. En Sicile et dans le royaume de Naples une partie de la population actuelle est espagnole d'origine. Mais c'était en Amérique qu'ils s'établissaient de préférence, et ils en revenaient rarement, la pauvreté croissante de l'Espagne les obligeant à renoncer à l'inclination naturelle qu'ils auraient eue pour retourner dans leur pays natal[2]. Un décret de Philippe IV s'opposa inutilement à cette manie d'émigrer qui entraînait les Espagnols, et principalement les Biscayens et les Navarrais, vers les régions du nouveau monde[3]. Il résulte des calculs de Robertson, que l'Amérique espagnole est peuplée d'environ trois millions de blancs. Or, si l'on songe combien le climat d'Amérique est fatal aux Européens, on admettra sans peine que ces trois millions d'habitants ont fait perdre à l'Espagne une population dix fois plus considérable. Il paraît, en effet, que la colonisation de l'Amérique a coûté environ trente millions d'habitants à l'Espagne; car c'est à peine si cette évaluation donne la juste part de ceux qui succombèrent prématurément, et sans laisser de postérité.

Ainsi, la politique des rois d'Espagne, oppressive à l'intérieur, envahissante au dehors, eut pour résultat la dépopulation du royaume et, par une conséquence forcée, la décadence de l'industrie.

1 Mémoires de Gourville, *ap.* Collection Petitot, 2.e série, t. LII, p. 412.
2 Mémoire du comte de Rebenac, folio 225.
3 Cadalso, *Cartas Marruecas*, p. 72. Barcelonne, 1756.

Jadis Medina del Campo avait possédé une population de 5000 âmes; en 1607 on n'en comptait plus que 600.[1] Davila rapporte d'après un dénombrement fait en 1,600 des habitants de l'évêché de Salamanque, qu'il s'y trouvait alors 8,384 cultivateurs et 11,745 attelages de bœufs. Un nouveau dénombrement, fait en 1619, ne donna que 4,135 cultivateurs et 4,822 attelages[2]. A Valladolid les regards du voyageur s'arrêtent avec surprise sur une multitude de belles maisons qui tombent en ruines, ou qui n'ont jamais été achevées. On y voit partout les traces d'une grande prospérité subitement interrompue[3]. L'Estramadure prit l'aspect d'une solitude. En Andalousie, la plaine jadis si fertile, qui s'étend autour de Tariffe, était devenue déserte. Le voyageur traversait cinq à six lieues d'un paysage magnifique, sans trouver ni une maison, ni un champ cultivé[4]. Dans la vieille Castille on rencontrait de vastes plaines, où le voyageur ne trouvait pas même un arbre à l'ombre duquel il pût se reposer. Une herbe courte y suffisait à peine à la nourriture des troupeaux mérinos; encore ne la trouvait-on que dans un petit nombre de vallées où étaient disséminés les rares villages de cette province. Les Castillans ont exprimé par un adage le dénûment absolu auquel est exposé le voyageur qui parcourt ces plaines sans avoir pris des précautions : l'alouette, disent-ils, qui veut traverser la Castille, doit porter son grain[5]. Enfin, l'Espagne, après avoir colonisé tant de contrées lointaines, eut besoin d'être colonisée

1 Capmany, *Memorias III, c. III*, 357, cité d'après Ranke, t. I.er, p. 417.
2 Davila, année 1619.
3 Bory de Saint-Vincent, Guide du voyageur en Espagne, p. 427.
4 Journal du voyage d'Espagne fait en 1659, p. 125.
5 Bory de Saint-Vincent, Guide du voyageur en Espagne, p. 281.

à son tour. Dans la seconde moitié du 18.e siècle le comte Olavide conçut et exécuta le projet de repeupler la Sierra Morena, qui avait été jusque-là le repaire des bandits et des bêtes fauves. Des colons venus de France, de Suisse et d'Allemagne, défrichèrent cette contrée de l'Espagne, comme ils auraient pu défricher quelque forêt d'Amérique.[1] On peut juger par ces faits à quel point ce royaume était dépeuplé. A la fin du 17.e siècle, l'Espagne, qui est aussi étendue et plus fertile que la France, se voyait réduite à une population de 5,700,000 âmes; dans les derniers temps de la domination arabe elle s'était élevée à 10 millions.[2]

CHAPITRE DEUXIÈME.

La gloire et la richesse semblaient dédommager l'Espagne de la perte d'un si grand nombre de ses habitants. A

1 Didier, Une année en Espagne, t. II, p. 189.

2 Nous empruntons cette donnée à Agustin de Blas, dont l'ouvrage sur la population de l'Espagne est plein de renseignements précieux qu'il a puisés dans des documents authentiques. Voici par quel calcul il est parvenu à ce résultat, qui n'est qu'approximatif.

La Castille	en 1482	....	7,900,000 habitants.
Grenade	en 1594	....	359,500
Aragon	en 1495	....	266,190
Valence	en 1609	....	486,860
Catalogne	en 1553	....	326,970
Biscaye	en 1704	....	56,145
Alava	en 1704	....	60,696
Guipuscoa	en 1600	....	69,665
Navarre	en 1553	....	154,165
			9,680,191

Tous ces dénombrements, consignés dans les archives de Simancas, en ont été extraits pour la première fois par Tomaz Gonzalez en 1829. Voyez Agustin de Blas, *Origen, Progresos y Limites de la poblacion, y Examen historico-critico de la España.* Madrid, 1833.

mesure que la monarchie s'affaiblissait à l'intérieur, elle s'étendait au dehors et en imposait par le prestige de sa renommée autant que par sa puissance réelle. Philippe II et Philippe IV portèrent leurs armes dans les régions les plus lointaines de l'Europe; Philippe III lui-même, dont le règne fut si pacifique, avait élevé des prétentions sur la Hongrie et la Bohême, comme petit-fils de Maximilien II, et l'archiduc Ferdinand avait signé une promesse écrite, de céder ces deux royaumes à l'Espagne, aussitôt qu'il serait parvenu à l'empire[1]. Maîtres de la Hongrie et de la Bohême, les rois d'Espagne seraient parvenus à prendre pied en Allemagne; ils auraient conquis facilement le Palatinat et la Valteline, puis, établissant des communications régulières entre le Milanais et la Flandre, ils auraient dominé en Europe.

Pendant que l'Espagne employait ses forces militaires à réaliser ses projets de domination, elle s'enrichissait tous les ans des tributs que lui payaient les provinces conquises par ses armes. Au commencement du règne de Philippe II, le royaume de Naples lui rapportait un million de ducats, le Milanais 400,000, la Sicile 250,000, les Pays-Bas 1,250,000[2]. En temps de guerre ces impôts étaient portés au double. L'Amérique envoyait tous les ans les produits de ses mines inépuisables. S'il faut en croire Moncada, il serait entré en Espagne deux mille millions de piastres, depuis la découverte de l'Amérique jusqu'en 1595. Ustariz admet ce chiffre, et il en conclut à l'importation de 3,536 millions de piastres, depuis l'an 1492 jusqu'à l'an 1724. Les deux écrivains ajoutent qu'une

1 Voyez RANKE, t. I.er, p. 212.
2 RANKE, t. I.er, p. 334 et suivantes.

somme au moins égale fut importée en Espagne par contrebande et sans être enregistrée[1]. Tous ces calculs sont exagérés, et les recherches d'un voyageur moderne les ont réduits à leur juste valeur. Il résulte de ses calculs, qui méritent une entière confiance, que la quantité d'or et d'argent importée d'Amérique en Espagne, dans l'intervalle de l'an 1492 à l'an 1803, s'élève à 5 milliards 445 millions de piastres, ce qui donne 28 milliards 596 millions de livres tournois. Si l'on répartit cette somme sur les 311 années qui se sont écoulées depuis la découverte du nouveau monde jusqu'en 1803, on trouvera que l'importation annuelle s'est élevée, terme moyen, à 17 millions et demi de piastres.[2]

Tant de trésors accumulés en Espagne y répandirent le goût du luxe et de la mollesse. La cour et les nobles rivalisèrent bientôt de magnificence. Les ambassadeurs de France à Madrid remarquaient avec surprise le faste presque oriental que déployaient les Grands d'Espagne. Lorsqu'ils sortaient, pour faire des visites de cérémonie, ils traînaient à leur suite un long cortége de gentilshommes, qui remplissaient plus de vingt carrosses[3]. Sous Philippe II ils habitaient encore dans leurs terres ces palais d'architecture mauresque, dont la magnificence était en proportion avec leurs richesses[4]; et ils y dépensaient leurs revenus au sein de l'oisiveté. D'après des relations dignes de foi, les ducs de l'Infantado, de Medina de Rioseco, d'Escalona et

1 USTARIZ, Théorie et pratique du commerce et de la marine, 1.re partie, p. 11-13 (traduit de l'espagnol, Paris, 1753).

2 HUMBOLDT et BONPLAND, Essai politique sur le royaume de la Nouvelle-Espagne. Livre IV, chap. XI.

3 BASSOMPIERRE, Journal de ma vie, p. 536.

4 NAVAGERO, *Viaggio fatto in Spagna*, 350, cité d'après RANKE, t. I.er, p. 222.

d'Ossuna, qui étaient les chefs des puissantes familles des Mendoza, des Enriquez, des Pacheco et des Girone, dépensaient ainsi un revenu annuel de 100,000 ducats. Le duc de Medina Sidonia, chef de la famille des Guzman, en dépensait 130,000[1]. A l'exemple des rois, ils avaient une cour, des intendants du palais, des majordomes, des chambellans, des pages. Quelquefois ils s'entouraient d'une garde composée de 200 hommes d'armes. La dame de la maison était traitée comme une reine : ses femmes la servaient à genoux; le page qui lui présentait à boire, restait agenouillé pendant qu'elle buvait; le gentilhomme qui lui rendait visite et qui la trouvait assise, mettait un genou à terre pour la saluer.[2]

L'exemple que les Grands donnaient ainsi à la nation, finit par devenir contagieux. Placés à la tête de l'État, ils attiraient les regards de tous. Bientôt tout le monde voulut les imiter et renoncer au travail pour vivre dans l'oisiveté.

Pour mieux apprécier la nature du changement que subit alors le caractère national, il faut se rappeler que l'on distinguait en Espagne la classe des hidalgos et celle des pecheros. Les premiers étaient les descendants de ces vieux chrétiens des montagnes, qui avaient, les armes à la main, repoussé les Arabes et reconquis la patrie de leurs ancêtres. Les autres avaient vécu méprisés au milieu des Arabes, et ils devaient tout à leurs libérateurs. Aussi la législation était-elle exclusivement favorable aux hi-

1 Documents manuscrits cités par RANKE, t. I.er, p. 222. — Journal du voyage d'Espagne fait en 1659, p. 147. L'auteur dit que le duc de Medina Sidonia possédait trois fois *ochenta mil ducados de renta.*

2 RANKE, t. I.er, p. 223. — Voyage d'Espagne fait en 1655, p. 129.

dalgos. « Il faut les favoriser, disaient Ferdinand et Isabelle, car c'est avec eux que nous gagnons des batailles.[1] » Et d'abord la loi protégeait l'hidalgo contre son créancier : on ne pouvait lui enlever, pour cause de dettes, ni sa maison, ni son cheval, ni sa mule, ni ses armes, ni surtout sa liberté. Il était exempt de la torture, et, chose plus importante, il était exempt de payer l'impôt.[2] Les pecheros, au contraire, cultivaient la terre, soutenaient les manufactures, et supportaient le fardeau des charges publiques. Ainsi à l'hidalgo la gloire et le danger, au pechero le mépris et le travail. Or, ce mépris que les chrétiens des montagnes professaient pour ceux de la plaine, ils l'attachèrent bientôt à toutes les occupations des pecheros ; et dans ce pays classique de l'honneur l'industrie fut frappée d'une sorte de réprobation : on regarda comme une chose vile de travailler à l'exemple de ces hommes dégradés, qui formaient cependant la majorité de la nation. Aucune ville n'aurait supporté pour corregidor un artisan ; les Cortès d'Aragon n'auraient pas toléré dans leur sein un député qui eût dû sa fortune à l'exercice d'un métier[3]. A plus forte raison l'opinion publique se déclara-t-elle contre les arts mécaniques, que les Arabes exerçaient presque exclusivement ; car on aurait craint de se souiller par le contact avec les infidèles.[4]

Que résulta-t-il de cette disposition des esprits ? On vit les pecheros rechercher avec ardeur toutes les occasions

1 *Don Fernando y Donna Isabella in Toledo anno* 1480. *Nueva Recopilacion*, t. II, p. 10.

2 *Ibid.*, *Ley* 13, *p.* 12. Cette loi, promulguée en 1386 par le roi Alfonse, fut confirmée textuellement par Philippe II en 1593.

3 Marina, *Teoria de las Cortes*, II, 417.

4 Campomanès, *Apendice à la Educacion popular*, t. III, Introd., p. XXVII. Madrid, 1775.

de parvenir aux prérogatives de l'hidalguia. Ils étaient sans cesse en instance devant les tribunaux pour faire légaliser de prétendus titres de noblesse. Les tribunaux s'occupaient tous les samedis des contestations suscitées par ces demandes, et ils ne pouvaient suffire au grand nombre des affaires[1]. Il y eut même des Maures qui sollicitèrent des lettres de noblesse, et Charles-Quint accorda cette distinction à plusieurs familles qu'il désirait s'attacher.

Cette tendance générale des esprits, qui est si marquée sous les règnes de Philippe III, de Philippe IV et de Charles II, avait commencé dès la fin du 15.e siècle, lorsque la conquête du royaume de Grenade eut livré les Maures à la discrétion des vainqueurs. Depuis cette époque le mépris des hidalgos s'était attaché à l'industrie des pecheros et des Arabes, et partout l'opinion publique avait sanctionné ce jugement du plus fort. Toutefois le mal ne se fit pas sentir sous le règne de Charles-Quint. Les vieilles habitudes conservaient encore de la vigueur; les anciennes mœurs ne s'étaient pas encore altérées; le luxe naissait à peine; le peuple n'avait pas renoncé à cette sobriété traditionnelle qui faisait le fond de son caractère: le fils demeurait longtemps sous le toit de son père, et la vie de famille subsistait dans sa forte simplicité. On ne se mariait généralement que bien tard; les filles à 25 ans, les hommes à 30. D'ailleurs Charles-Quint avait ouvert un champ immense à l'activité de la nation: l'Europe, pleine de guerres, était un théâtre où pouvait se déployer son ardeur belliqueuse; l'Afrique elle-même était ouverte à ses armes; enfin, dans le nouveau monde

1 RANKE, t. I.er, p. 400.

il y avait de vastes régions à conquérir et à civiliser. L'industrie elle-même avait reçu un prodigieux élan du commerce des Indes, qui offrait alors un aliment inépuisable à l'activité des pecheros. Sous Philippe II l'ancienne prospérité subsista d'abord; mais dans la seconde moitié de son règne, au moment même où ses armes essuyaient des revers, le mal intérieur qui rongeait la monarchie, devint manifeste aux yeux de tous. Sous les règnes suivants, on vit les pecheros renoncer en foule aux habitudes de travail de leurs ancêtres; et la fortune leur tenait lieu de titres de noblesse, quand ils ne réussissaient pas à les fonder sur de vieux parchemins. Lorsqu'un marchand possédait un revenu de 500 ducats, il se hâtait de faire du capital un majorat pour son fils.[1] De ce moment le fils devenait noble, du moins aux yeux de sa famille. Ses frères, réduits à l'indigence, rougissaient cependant de reprendre le métier de leur père. Ils aimaient mieux augmenter le nombre de ces nobles mendiants qui auraient craint de déroger en travaillant, et qui souffraient de la faim pendant que leur imagination se nourrissait des rêveries les plus fantasques. Madrid, Séville, Grenade, Valladolid, étaient remplis de ces cavaliers vêtus de haillons. A la fin du 17.e siècle on comptait 625,000 nobles[2], et le plus grand nombre ressemblaient, sans doute, à ce cavalier de Caldéron, dont les pourpoints troués et les paroles emphatiques égayaient l'alcade de Zalamea.

Telle fut par toute l'Espagne l'influence funeste de l'exemple des hidalgos. Sous le règne de Philippe III ils

1 Ranke, t. I.er, p. 404.

2 Mignet, Négociations relatives à la succession d'Espagne. Introduction, p. 30, note.

portèrent à l'industrie un nouveau coup. Jusque-là, en dépensant leurs revenus dans leurs terres, ils y avaient entretenu l'aisance et le travail. Mais à la fin ils se lassèrent de cet isolement; sous le règne de Philippe III, ils abandonnèrent leurs campagnes pour aller résider à Madrid[1]. Alors toutes les richesses de l'Espagne affluèrent vers la capitale, et l'industrie des provinces, privée des capitaux qui l'avaient soutenue, reçut une nouvelle atteinte, qui accéléra sa ruine. Philippe IV voulut remédier à ce mal, et, faisant droit aux réclamations réitérées des Cortès, il rendit une ordonnance qui enjoignait aux Grands de retourner dans leurs terres. Cette ordonnance ne fut jamais exécutée, et si elle avait pu l'être, l'industrie n'en aurait reçu qu'un secours inefficace. En effet, le mal avait déjà jeté des racines trop profondes. Qu'on en juge par ce passage de Gourville sur l'état de l'Espagne au milieu du 17.e siècle :

« Je n'eus pas de peine à découvrir l'extrême paresse « et en même temps la vanité de ces peuples. Il y a des « ouvriers pour faire des couteaux, mais il n'y en aurait « pas pour les aiguiser, si une infinité de Français, que « nous appelons gagne-petits, ne se répandaient par toute « l'Espagne : il en est de même des savetiers et porteurs « d'eau de Madrid. La Guienne et d'autres provinces de « France fournissent un grand nombre d'hommes pour « couper le blé et le battre. Les Espagnols appellent ces « gens-là *gavaches*, et les méprisent extrêmement; ils em- « portent néanmoins la meilleure partie de leur argent en « France.[2] »

1 Ranke, t. Ier, p. 414.
2 Mémoires de Gourville, *ap.* Collection Petitot, 2.e série, t. LII, p. 411.

Lorsqu'en 1669 l'évêque de Béziers fut envoyé comme ambassadeur en Espagne, il reçut entre autres instructions celle de protéger « les Auvergnats, Limosins et Gascons, qui passent en Espagne tous les ans, y travaillent aux métiers les plus vils, et en rapportent tous quelque somme d'argent, qui est considérable par le grand nombre.[1] »

Nous pourrions multiplier ces citations et prouver ainsi jusqu'à l'évidence combien le préjugé contre l'industrie était devenu général. Pour éviter des répétitions, nous nous bornerons à constater les résultats suivants :

Tous les ans plus de 200,000 Français se répandaient dans les provinces de l'Espagne, pour faire des briques, de la chaux, du charbon, pour cultiver la terre, pour faire le pain. Encore aujourd'hui presque tous les boulangers de Saragosse sont Français[2]. Les architectes, les charpentiers, les maçons, les cordonniers, les tailleurs, étaient presque tous étrangers; car ces métiers répugnaient à l'orgueil des Espagnols[3]. Les sommes qui étaient exportées annuellement en France montaient à plusieurs millions. A partir de l'an 1610 un grand nombre de Français s'établirent tous les ans en Espagne. En 1623 Philippe IV rendit une ordonnance, pour permettre aux

1 Voyez le Mémoire servant d'instruction au sieur évêque de Béziers, s'en allant ambassadeur en Espagne, sur le fait du commerce. — *Ap.* Forbonnais, Histoire des finances, t. I.er, p. 411 (édition de Bâle, 1758).

2 Didier, Revue de Paris du 21 octobre 1838.

3 « Les architectes et les charpentiers y sont aussi pour la plupart estrangers, qui se font payer au triple de ce qu'ils gagneroient en leur pays. Dans Madrid on ne voit pas un porteur d'eau qui ne soit estranger, et la plupart des cordonniers et tailleurs le sont aussi, et l'on tient que le tiers de ce monde n'y vient que pour y amasser une pièce d'argent, et puis s'en retourner chez soy; mais il n'y en a point qui gagnent tant que les maçons, les architectes et les charpentiers. » Voyage d'Espagne fait en l'an 1655, p. 124.

cultivateurs et aux artisans étrangers de travailler temporairement dans ses États, et de s'y établir, à condition qu'ils fussent catholiques et qu'ils consentissent à séjourner dans l'intérieur du royaume[1]. Bientôt, pour en attirer un plus grand nombre, il les exempta pendant six ans de l'impôt de l'Alcavala.[2]

Cependant l'Espagne tout entière ne fut pas infectée de ce préjugé contre les arts mécaniques. Les provinces du nord en restèrent exemptes, peut-être par l'effet de l'influence française, peut-être aussi parce que les Maures en avaient été expulsés depuis plus longtemps, et que la population chrétienne s'y était adonnée de tout temps à l'industrie. Dans la Catalogne les métiers étaient honorés, lorsque dans l'Aragon et dans le royaume de Valence la seule qualification d'*Artesano* ou de *Menestral* impliquait quelque chose de déshonorant[3]. Pareillement en Galice, en Biscaye, en Navarre et dans les Asturies, les manufactures étaient nombreuses et florissantes; la population entière aimait le travail, les femmes elles-mêmes s'exposaient en pleine mer pour se livrer à la pêche, qui était pour elles une source de richesses; elles cultivaient leurs champs et faisaient le pain, sans se croire inférieures aux femmes des provinces voisines, qui vivaient dans la misère et dans une orgueilleuse oisiveté.[4]

Mais si le nord était resté fidèle aux traditions de la vieille Espagne, il n'en était pas de même dans le reste du royaume; l'exemple des hidalgos y avait exercé une in-

1 Campomanès, *Apendice à la Educacion popular*, t. III, Introduction, p. XXVII.

2 *Ibid.*, t. V, p. 321.

3 Campomanès, *Sobre la Industria popular*, t. II, p. 68.

4 Campomanès, *Apendice à la Educacion popular*, t. V, p. 359.

fluence trop puissante, et la haine du travail y était trop enracinée. Ce fut à tel point qu'à partir du règne de Philippe III, cette aversion pour l'industrie se manifesta sous une forme toute nouvelle. Si les pecheros se voyaient trop pauvres pour constituer des majorats à leurs enfants, s'ils désespéraient de les élever au rang des hidalgos, ils se faisaient moines et entraient dans les couvents, où les attendaient à la fois la considération publique et l'oisiveté. Ce furent encore les hidalgos qui imprimèrent au peuple cette direction funeste. Depuis la construction de l'Escurial, qui avait fait appeler Philippe II un nouveau Salomon, les Grands, qui se conformaient en tout à l'exemple de la cour, avaient jugé qu'il convenait à leur dignité de fonder des couvents, et d'ouvrir ainsi des asiles à ceux de leurs vassaux qui étaient pauvres et qui avaient perdu le goût du travail [1]. Les moines se présentèrent en foule, et leur nombre s'accrut à tel point que, sous le règne de Philippe III, l'institution monastique devint une véritable plaie pour l'Espagne. On comptait alors jusqu'à 988 couvents de femmes, tous entièrement remplis, et 32,000 dominicains et franciscains. Dans les deux évêchés de Pampelune et de Calahorra les prêtres et les moines étaient au nombre de 20,000 [2]. Or, plus le clergé devenait nombreux, et plus l'industrie en souffrait; car non-seulement les hommes, mais aussi les capitaux, allaient s'enfouir dans les monastères. Encore en 1817 on estimait le revenu des biens-fonds du clergé à 150 millions de francs [3]. Il résulte des calculs d'Ulloa, qu'à la fin du

1 Davila, *Vida y hechos del Rey Felipe III*, c. 85.
2 *Ibid.*, c. 85.
3 Mignet, Négociations relatives à la succession d'Espagne. Introduction, p. 30, note.

17.e siècle le clergé séculier et régulier formait la 30.e partie de la population, et qu'à lui seul il était presque aussi riche que les 29 trentièmes dont se composait la population des laïques.[1]

En 1619 le conseil de Castille adressa au roi un mémoire, dans lequel il établissait la nécessité de réduire le nombre excessif des moines et des couvents, afin de venir en aide à l'industrie. Il terminait en suppliant Philippe III d'en représenter les inconvénients au pape, pour qu'il songeât à y remédier.

« Celui qui rejaillit sur l'état monastique lui-même, « disait-il, n'est pas le moindre de tous. Le relâchement « s'y introduit, parce que le plus grand nombre y cherche « bien moins une pieuse retraite, que l'oisiveté et un abri « contre l'indigence. Cet abus a les plus funestes consé- « quences pour l'État et pour le service de Votre Majesté. « La force et la conservation du royaume consistent dans « le grand nombre des hommes utiles et occupés. Nous « en manquons et par cette cause et par d'autres; les sécu- « liers cependant s'appauvrissent de plus en plus: les « charges de l'État retombent uniquement sur eux, tan- « dis que les couvents en sont exempts, ainsi que les biens « considérables qu'ils accumulent, et qui ne peuvent plus « sortir de leurs mains. Il serait donc très-convenable que « sa Sainteté, informée de ces désordres, réglât que les

1 ULLOA, Rétablissement des manufactures et du commerce d'Espagne, 1.re partie, p. 106-108 (traduit de l'espagnol).

Nota. Lorsque la restauration préparait l'expédition d'Espagne en 1822, on apprit que l'archevêque de Tolède faisait distribuer chaque jour à la porte de ses palais et de ses fermes 10,000 soupes, et l'archevêque de Séville 6000 (MICHELET, Histoire de France, t. III, p. 49). Un couvent récemment supprimé à Madrid, celui de San Salvador, avait deux millions de bien et ne nourrissait qu'un seul religieux (*Ibid.*, p. 50, note).

« vœux ne pourront être faits avant l'âge de vingt ans, et « que l'on ne pourra entrer en noviciat avant l'âge de « seize ans. Un grand nombre de sujets ne prendraient « plus alors cet état, qui, pour être plus parfait et plus « sûr, n'en est pas moins le plus préjudiciable à la « société.[1] »

Ces réclamations ne furent pas écoutées et ne pouvaient pas l'être à une époque où l'Église était alarmée des progrès de la réforme, qui s'annonçait partout par la démolition des couvents et la confiscation des biens du clergé. La moindre innovation pouvait entraîner alors des conséquences incalculables. Aussi fut-il répondu au nom du roi, qu'il ne convenait pas d'innover en matière de religion, et cette même réponse fut faite plus tard à toutes les réclamations qui avaient pour but de restreindre les richesses et l'influence du clergé (*que no convenia que sobre esto se haciera novedad*).

Lorsque les Cortès demandèrent que l'on diminuât au moins le grand nombre des jours de fête qui entravaient l'industrie, parce qu'ils étaient obligatoires pour le peuple, leurs vœux furent de nouveau repoussés. Les écrivains espagnols n'osaient aborder ce sujet qu'avec une extrême réserve, et cependant ils attachaient une haute importance à la mesure proposée par les Cortès : on peut en juger par ce passage de Saavedra :

« Le travail est si essentiel à la conservation d'une « monarchie, qu'un prince doit veiller à ce qu'il ne soit « pas interrompu par un trop grand nombre de jours « destinés aux divertissements publics, ou voués par une

1 Ustariz, Théorie et pratique du commerce et de la marine, 2.e partie, p. 190.

« pieuse légèreté à des confréries, dont le peuple est avide « par goût pour les spectacles, plutôt que par un motif « de religion.... Il n'est point de plus grand tribut que « celui d'un jour de fête, où tous les arts sont dans « l'inaction; et, comme le dit S. Chrysostôme, les martyrs « n'aiment point à être honorés avec l'argent que pleurent « les pauvres.[1] »

CHAPITRE TROISIÈME.

Pendant que l'industrie dépérissait de jour en jour, Philippe II et ses successeurs épuisaient en entreprises gigantesques les ressources de plus en plus insuffisantes de la nation. Au dire de Bernardin de Mendoza, l'expédition contre l'Angleterre coûta 120 millions de ducats.[2] Le pillage de Cadix par les Anglais, qui suivit de près la dispersion de l'Armada, fit essuyer à l'Espagne une nouvelle perte de 20 millions de ducats. La guerre continuelle qu'elle soutenait contre les Turcs, coûtait encore 4 à 6 millions de ducats par an; et quelquefois des moments de crise entraînaient des dépenses plus fortes. Ainsi l'expédition pour secourir l'île de Chypre, occasionna des frais extraordinaires : l'approvisionnement seul de la flotte, depuis le mois de mai 1571 jusqu'au mois de novembre 1573, coûta 1,300,000 ducats[3]. Philippe III envoyait de l'argent jusqu'en Perse, pour susciter des

1 Ustariz, *loc. cit.*, p. 192.
2 Sismondi, Histoire des Français, t. XX, p. 380.
3 Voyez Ragazzoni, *Relatione della Sicilia*, cité d'après Ranke, t. I.er, p. 376.

ennemis aux Turcs et préserver ainsi l'Espagne de leurs pirateries[1]. Dix-huit cents millions furent dépensés inutilement, pendant l'espace d'un siècle, pour la guerre de Flandre, qui absorbait en outre tous les revenus de cette riche province[2]. Pour entretenir un parti en France, en Angleterre, en Irlande, en Allemagne, en Suisse, en Italie, Philippe II prodiguait des sommes incalculables. Qu'on en juge par un seul exemple : le duc d'Urbino, dont l'influence n'était pourtant pas bien grande, recevait 12,000 écus pour sa table et de quoi entretenir à sa solde 4 capitaines, 20 officiers, 300 hommes à cheval et deux compagnies de fantassins[3]. Les Orsini, les Cesarini, les Gaëtani et nombre de cardinaux recevaient des pensions du roi d'Espagne. Il n'y avait pas de ville en Italie, si petite qu'elle fût, dans laquelle Philippe II n'entretînt des partisans. On a calculé que les dépenses extraordinaires de son règne s'élevèrent à 600 millions de ducats.[4]

A l'intérieur les revenus de l'État étaient gaspillés par la cour, dont le luxe contrastait tristement avec la misère croissante du peuple[5]. Sous le ministère du duc de Lerme, on dépensa en fêtes et en représentation des sommes incroyables. Les noces de Philippe III avec Élisabeth de France coûtèrent 950,000 ducats; Ferdinand le Catholique n'avait pas dépensé autant pour la conquête du

1 Ranke, t. I.er, p. 131.

2 Mémoires de Gourville, p. 415.

3 Lettre du cardinal Bellay, *ap.* Ribier, Mémoires et lettres d'estat, II, 760, cité d'après Ranke, t. I.er, p. 390.

4 Économies royales de Sully, t. III, p. 253.

5 On dit que la construction de l'Escurial coûta six millions d'or à Philippe II. Voyage d'Espagne fait en 1655, p. 96.

royaume de Naples[1]. Le duc de Lerme s'était enrichi pendant son ministère au point de pouvoir dépenser 300,000 ducats aux noces du roi, 400,000 à l'occasion de l'entrée d'Élisabeth de France en Espagne, 1,152,283 à fonder des couvents et des églises. Ses parents et ses amis ne vivaient pas moins somptueusement. Miranda possédait tout un trésor de pierres précieuses. Caldéron rivalisait de luxe avec les Grands qui résidaient à Madrid.[2]

A tant de dépenses il faut ajouter cette quantité de millions qui passaient tous les ans à Rome. Ustariz craint de toucher à ce sujet, et il ne l'aborde qu'en passant. « Je ne m'étendrai pas, dit-il, sur ces inconvénients, ni « sur les précautions que prennent d'autres États catho- « liques pour y remédier ; l'entreprise est trop au-dessus « de mes forces, et elle est étrangère à ma profession.... « Il n'y a d'ailleurs rien à ajouter aux représentations « imprimées, qui furent faites à Rome en 1633 par ordre « de Philippe IV, et qui contenaient le mémoire que les « états de Castille, assemblés en cour, remirent au roi « sur divers droits qu'on perçoit à Rome.[3] »

Les représentations adressées à la cour de Rome n'eurent pas de résultat; l'Espagne resta tributaire du saint-siége, et comme elle continua cette propagande armée, qu'elle avait entreprise, les trésors qu'elle retirait des Indes, s'écoulèrent au dehors, pendant que la décadence de ses manufactures l'empêchait de réparer ses pertes. Suivant Moncada, il ne restait pas en 1619 au delà de 200 millions de pesos en Espagne, la moitié en argent mon-

1 Ranke, t. I.er, p. 391.
2 *Ibid.*, p. 391.
3 Ustariz, 1.re partie, p. 11-13.

nayé et le reste en vaisselle et en bijoux[1]. L'argent était devenu si rare que, sous le règne de Philippe III, le taux de l'intérêt s'éleva jusqu'au tiers de la somme prêtée[2]. Déjà Philippe II avait ordonné en 1552 que toute somme en espèces, donnée à quelqu'un pour la sortir du royaume, serait perdue pour le propriétaire au profit de celui qui était chargé de l'exporter, si ce dernier la déclarait aux juges ordinaires, sans qu'il pût être recherché pour cause de connivence. Il avait ordonné en outre, que celui qui dénoncerait quelqu'un pour avoir sorti des espèces du royaume, recevrait le tiers de l'amende payée par le délinquant[3]. En 1624 Philippe IV défendit la sortie de l'or et de l'argent sous peine de vie et de confiscation des biens[4]. Sous Charles II la détresse financière fut au comble : les intérêts de la dette absorbaient le tiers du revenu[5]; le roi mettait en gage les joyaux de la couronne et les tableaux qui ornaient son palais[6], et cependant il ne pouvait payer ses armées de Flandre. Des compagnies entières se séparaient faute de solde, et les soldats allaient par petites bandes demander la charité aux passants, ou mendier un peu de nourriture aux portes des abbayes et des couvents.[7]

En 1689, le comte de Rebenac faisait le tableau le plus sombre de l'état financier de l'Espagne : « Il est malaisé « de comprendre à quel excès le mauvais gouvernement

1 MONCADA, *Restauracion politica de España*, *disc.* 3, *cap.* 1, cité d'après ROBERTSON, Histoire de l'Amérique, t. III, p. 466, note.

2 CAMPOMANÈS, *Educacion popular*, t. I.er, p. 417.

3 USTARIZ, 1.re partie, p. 132.

4 *Ibid.*

5 *Los intereses absorvian el tercio de las rentas.* Voyez SABAU, Continuation de Mariana, t. XIX, préface.

6 Manuscrits français de la bibliothèque du Roi, Supplément français, n.° 63, folio 60, verso.

7 Mémoires de Gourville, p. 379.

« a porté la foiblesse de l'Espagne. Il est incertain mesme « si elle a des ressources véritables qui dépendent d'elle. « Il y en a qui ont paru seures, à en juger selon les appa« rences, et qui néanmoins ne l'ont point esté en effet. « Ce seul exemple suffira pour faire entendre ma pensée. « Le roi d'Espagne dissipe ses finances en pensions et au« tres libéralités, qu'il distribue entre les grands seigneurs, « lesquels sont à l'État d'une inutilité entière. Le retran« chement de ces pensions avoit paru devoir remplir les « coffres du roy; on l'a fait, et il n'y a profité en rien. La « raison est que le plus grand et le plus seur revenu de « l'Espagne se tire des entrées et des douânes de Madrid et « des principales villes. Ce sont ceux qui reçoivent les « bienfaits de la cour qui les payent. Du moment donc « qu'on les leur retranche, ils sont dans une nécessité « absolüe de congédier leurs domestiques et diminuer « leurs dépenses. Le revenu du roy diminue à proportion « et d'une manière d'autant plus sensible, que les moin« dres impositions d'entrée sont de 200 pour cent, et il « y en a qui vont à 400. D'ailleurs, les domestiques re« tranchés et les ouvriers qui vivoient par leurs moyens, « ne pouvant plus subsister, se sont retirés; les uns sont « allés aux Indes, les autres sont péris de misère, ce qui « est assez commun en Espagne, de sorte qu'il est con« stant que le roy a converty en non-valeur ce qu'il « croyoit devoir estre un moyen de remplir les coffres de « son épargne, et n'a fait qu'augmenter le nombre des « mécontents.[1] »

1 Mémoire donné par le comte de Rebenac sur son ambassade en Espagne, du 20 mai 1689. — Manuscrits français de la bibliothèque du Roi, Supplément français, n.° 63, folio 224.

Malgré cet épuisement de la monarchie, le gouvernement persista dans son funeste système de conquête et de propagande armée. L'orgueil national lui prêtait son appui factice, mais ne lui donnait pas de forces réelles. Il fallut créer des ressources : on résolut de recourir à l'impôt. Ainsi les exigences du gouvernement allèrent augmentant, à mesure que diminuait la richesse de la nation; et à la fin l'impôt fut si lourd, si accablant, que toute industrie devint impossible.

Voici d'abord quel était le système des impôts au commencement du règne de Philippe II.

A l'époque où l'Espagne était encore divisée en un grand nombre de royaumes, tant chrétiens que mahométans, chacun de ces petits États avait un système d'impositions conforme à ses intérêts, mais préjudiciable aux intérêts de ses voisins. Les royaumes de Navarre, de Castille, d'Aragon, de Grenade, s'étaient entourés de lignes de douanes qui les isolaient les uns des autres, et qui favorisaient l'industrie de quelques provinces au détriment des autres. Lorsque plus tard il n'y eut plus qu'un seul royaume en Espagne, l'ancien ordre de choses subsista. L'Aragon, la Castille, la Navarre, continuèrent à se gêner réciproquement par une foule de règlements, qui entravaient le développement de leur industrie. Chaque province, on pourrait dire chaque ville, se considérait comme une souveraineté indépendante, et s'isolait par ses douanes, ses octrois et ses péages, des provinces et des cités voisines. Et d'abord la Castille était entourée d'une ligne de douanes qui la séparait des provinces limitrophes. Les marchandises qui arrivaient par la frontière du nord, devaient payer la dîme de la mer, avant d'entrer en Castille, soit dans les villes de Vittoria, d'Ordunna et de Valmaséda, si elles passaient par la Biscaye et le Guipuscoa; soit à Oviedo, si elles passaient par les Asturies; soit à Sanabria et Villafranca, si elles passaient par la Galice[1]. Mais les habitants des provinces basques ne chargeaient de droits l'entrée des marchandises en Castille, que lorsqu'elles venaient de l'étranger. Au contraire, ils affranchissaient l'exportation des leurs, ainsi que l'importation de celles qui leur venaient de l'étranger, soit par mer, soit par la frontière des Pyrénées[2]. Ailleurs, du côté du Portugal, de la Navarre, de l'Aragon et du royaume de Valence, se trouvaient ce qu'on appelait les ports secs, *puertos secos*, dans lesquels les marchandises de la Castille payaient également la dîme de la mer, à leur entrée comme à leur sortie[3]. Du côté du Sud il n'existait pas de douane entre la Castille et l'Andalousie, mais on avait conservé les douanes établies autrefois par les Maures dans cinq ports de mer, qui avaient été les capitales d'autant de petits États indépendants. Il en existait deux autres à Xérez et à Lébrija, et toutes avaient conservé la dénomination arabe d'*almojarifazgos*[4]. A Séville il y avait outre l'*almojarifazgo* ordinaire ou mayor un *almojarifazgo* particulier pour les marchandises qu'on envoyait en Amérique.[5]

Une foule de règlements semblables, par lesquels des rois maures ou chrétiens avaient essayé de stimuler l'indus-

1 *Recopilacion de* 1640. *T. III. Titulo XXVIII et XXIX. De los diezmos de los puertos de la mar.*

2 Ulloa, 1.re partie, p. 138.

3 *Recopilacion de* 1640. *T. III. Titulo XXXI : De los diezmos de los puertos secos, entre Castilla, Aragon, Portugal y Navarra.*

4 Ulloa, 1.re partie, p. 59.

5 Ranke, t. I.er, p. 336.

trie de leurs sujets au détriment de leurs voisins, subsistaient encore sous Philippe II. Ainsi les soies de Grenade étaient sujettes à des droits particuliers dans les villes de Grenade, de Malaga et d'Almeria [1]. Un impôt spécial était prélevé sur les troupeaux mérinos qui passaient l'hiver dans les plaines de l'Estramadure et l'été dans les montagnes des Asturies. Mais l'impôt le plus funeste à l'industrie était l'Alcavala ou droit de dixième, qu'on prélevait sur toutes les marchandises vendues ou échangées.

Tel était le système des impôts à l'avénement de Philippe II. Ce prince en créa de nouveaux, quand la guerre fut devenue générale; mais il rencontra des obstacles. L'Aragon d'abord parvint à se soustraire à tout nouvel impôt, et résista aux exigences toujours croissantes de Philippe II, tant que son ancienne constitution fut en vigueur. La Sicile y réussit également. On augmenta les contributions que payait le Milanais, mais elles suffisaient à peine à la solde des garnisons espagnoles [2]. Restait la Flandre, le royaume de Naples et la Castille. Mais bientôt l'insurrection de la Flandre priva Philippe II de la meilleure partie de ses revenus. Cette province, qui naguère remplissait tous les ans son trésor, finit par absorber les revenus de l'Espagne et des Indes. Ainsi Philippe II fut réduit au royaume de Naples et à la Castille. Il haussa les impôts du royaume de Naples tellement, qu'à la fin de son règne ils se trouvèrent quintuplés [3]. En même temps il leva des contributions plus fortes en Castille. L'exportation des

1 AGUSTIN DE BLAS, p. 161 et suivantes.
2 RANKE, t. I.er, p. 367.
3 *Ibid.*, p. 368.

laines faisait la principale richesse de cette province; Philippe II exigea un ducat pour chaque sac de laine envoyé en Flandre, et deux ducats pour chaque sac de laine envoyé en France ou en Italie[1]. Les Cortès réclamèrent en vain contre cette innovation; le roi répondit qu'il était contraint par la nécessité. En effet, il en était déjà aux expédients : en 1555 il fit saisir tout l'argent que les marchands rapportèrent des Indes, et il leur assigna des rentes sur l'État. Pendant cinq années consécutives, Philippe II eut recours à cet expédient incroyable, et ruina ainsi un grand nombre de commerçants et de manufacturiers. Enfin, en 1560, il déclara qu'à l'avenir il n'userait plus de ce moyen.[2]

En 1566, Philippe II, se fondant sur la nécessité de veiller à la défense commune de la chrétienté, et de conserver intacte la monarchie espagnole, déclara qu'il était forcé de demander à la nation de nouveaux sacrifices.[3] Il ajoutait, qu'après en avoir délibéré avec ses ministres, il avait résolu d'augmenter les droits sur les importations et les exportations. Le 29 mai 1566 parurent trois édits dont voici le contenu :

A l'avenir quatre ducats seront payés pour chaque sac de laine exporté en France, en Italie ou ailleurs.

L'almojarifazgo mayor de Séville fut augmenté. Autrefois le sucre, le vin, l'huile, les fruits secs, la soie, n'avaient payé que $3\frac{1}{2}$ pour cent à leur sortie du royaume : on en exigea $7\frac{1}{2}$. Les droits sur les pierres précieuses, les perles, la cochenille et le cuir furent portés à 10 pour cent.

1 Ranke, t. I.er, p. 371.
2 *Ibid.*, p. 373.
3 *Recopilacion de* 1640, *T. III. Titulo XXII.*

L'augmentation la plus considérable fut celle de l'almojarifazgo des Indes. A l'origine, le commerce entre la métropole et les colonies avait été entièrement libre. Charles-Quint apporta les premières restrictions à cette liberté. Son fils ordonna que toutes les marchandises envoyées en Amérique payeraient 5 pour cent à leur sortie du royaume, et 10 pour cent à leur entrée dans les ports de l'Amérique. Les droits sur le vin furent portés en tout à 20 pour cent.[1]

Par suite de ces mesures, les revenus que Philippe II tirait de la Castille, furent doublés. En 1558 ils étaient d'un million et demi de piastres, en 1567 le Vénitien Tiepolo les estimait à trois millions[2]. Cette somme ne suffisant pas pour couvrir les frais de la guerre de Flandre, Philippe II imposa aux marchands un prêt forcé de 800,000 écus par an, sur l'argent qu'ils tiraient des Indes, avec promesse d'un intérêt de 5 pour cent.

En 1575 parut un édit qui suspendait le payement des rentes; tous les contrats passés entre le roi et des particuliers postérieurement à l'an 1560 devaient être révisés. Il s'agissait de réduire le taux des intérêts, et de retrancher des capitaux la somme des intérêts qui avaient été payés en sus du taux déclaré légal. Cet édit, qui équivalait à une déclaration de banqueroute, causa une perturbation générale en Espagne et dans toute l'Europe. Une foule de banquiers de Rome, de Venise, de Milan, de Lyon, de Rouen, d'Anvers, d'Augsbourg, qui avaient prêté de l'argent au roi d'Espagne, furent ruinés. Il en résulta une stagnation générale dans les affaires, qui de-

1 Ranke, t. I.er, p. 374.
2 *Ibid.*, p. 375, note.

vint funeste au commerce et à l'industrie. Que serait-il arrivé si chacun avait acquitté ses dettes comme le roi acquittait les siennes? Car Philippe II, érigeant son manque de foi en principe, avait reconnu à ses sujets le droit formel de suivre son exemple [1]. Aussi son gouvernement perdit-il tout crédit. Personne ne voulut plus prêter de l'argent à un prince qui acquittait ses dettes avec tant de conscience, et bientôt il fallut recourir à de nouveaux expédients. On imposa au clergé un subside de 170,000 écus, payable pendant trois ans. Les droits sur l'exportation des laines furent haussés. Enfin, le roi s'empara du monopole des cartes à jouer et du vif-argent [2]. Déjà précédemment il s'était attribué la vente exclusive de l'eau-de-vie, de la cire à cacheter, du plomb, du soufre, de la poudre à canon [3]. Toutes ces mesures étaient ruineuses pour l'industrie, et d'ailleurs elles n'atteignaient qu'imparfaitement le but que se proposait le roi. En effet, une énorme quantité de poudre était importée par contrebande en Espagne et dans les colonies; ce qui le prouve, c'est que les mineurs de l'Amérique achetaient tous les ans 3000 à 4000 quintaux de poudre dans les magasins du roi, tandis que pour la seule mine de Valenciana ils en consommaient 1500 à 1600 [4]. Il en était de même pour les autres articles dont le roi s'était arrogé le monopole. La saline de Mata, dans le royaume de Valence,

1 Cabrera, *Con facultad de pagar las deudas que por razon de los asientos hizieron, al mismo precio che el Rey pagaba a ellos,* cité d'après Ranke, t. I.er, p. 377.

2 Ranke, t. I.er, p. 381.

3 Ulloa, 1.re partie, p. 117. — Moreau de Jonnès, Statistique de l'Espagne, p. 144.

4 Humboldt et Bonpland, Essai politique sur le royaume de la Nouvelle-Espagne, livre V, chapitre 12.

aurait pu fournir du sel à toutes les provinces de l'Espagne; mais Philippe II avait tellement haussé le prix de cette denrée, dont il possédait la vente exclusive, que les habitants de la Galice et des contrées voisines préférèrent s'approvisionner par contrebande en France et en Portugal.[1]

Cependant la guerre de Flandre et les troubles religieux en France prenaient un caractère de plus en plus grave et coûtaient des sommes immenses à l'Espagne. Enfin, les préparatifs contre l'Angleterre amenèrent une nouvelle crise financière. De fortes contributions en argent furent levées dans tout le royaume, et chaque province dut fournir en outre sa part à l'approvisionnement de la flotte invincible : l'Andalousie, 12,000 quintaux de biscuit; Séville, 6000 tonneaux de vin; la Galice, 6000 quintaux de viande salée.[2]

Tant d'efforts n'aboutirent qu'à des désastres qui commandèrent de nouveaux sacrifices. En 1589, l'année même qui suivit la dispersion de l'Armada, Philippe II établit l'impôt des milliones, qui fut prélevé sur le vin, l'huile, la viande et d'autres articles de consommation journalière. En 1590 il eut recours à trois nouveaux expédients. Il exigea des Grands un don gratuit de quatre millions et demi de ducats; il contracta un emprunt onéreux qui lui procura une nouvelle somme de 950,000 ducats; enfin, il anticipa sur les impôts des années suivantes, et les villes furent obligées de payer d'avance 350,000 ducats.[3]

1 Ustariz, 2.e partie, p. 102.

2 *Dell' apparato della guerra quest' anno* 1588. *Ap. Tesoro politico I*, 67, cité d'après Ranke, t. I.er, p. 383.

3 Ranke, t. I.er, p. 384.

Par une heureuse coïncidence, les produits des mines de l'Amérique devinrent plus abondants à partir de l'an 1593. Les mines de Potosi rapportèrent à elles seules plus d'un million de ducats, qui entraient tous les ans dans le trésor du roi. Mais telle était la détresse de ses finances, que tant de trésors ne faisaient que traverser la Castille. Les intérêts de la dette publique absorbaient d'avance la meilleure partie des revenus. De trente-cinq millions de scudi qui passèrent en 1595 par la barre de San Lucar, il ne restait pas l'année suivante un seul réal dans toute la Castille. [1]

En 1596 Philippe II déclara que l'épuisement du trésor était le résultat des intérêts exorbitants qu'il payait à ses créanciers; et une seconde banqueroute, pareille à celle de l'an 1575, porta un nouveau coup à l'industrie et au commerce. Il n'y eut pas un seul marchand à Pise et à Florence qui n'essuyât des pertes, et les créanciers du roi n'obtinrent d'être traités avec moins de rigueur, qu'en souscrivant un nouvel emprunt de huit millions, qu'on promettait de leur rembourser avec les revenus des années suivantes[2]. Enfin, la dernière année de son règne, Philippe II exigea un nouveau don gratuit, qui fut perçu comme une aumône aux portes des maisons. [3]

Son successeur eut recours à des mesures plus pernicieuses encore pour subvenir aux besoins du fisc. En 1600 il publia un édit par lequel il ordonnait à tous ses sujets de faire enregistrer leur vaisselle d'argent dans l'espace de dix jours. Tout le monde comprit qu'il s'agissait

1 Davila, *Vida y hechos del Rey Felipe III*, p. 35.
2 Ranke, t. I.er, p. 386.
3 *Ibid.*, p. 387.

d'une spoliation. Mais le clergé s'éleva contre cette mesure, dont il craignait de devenir la victime, et l'édit de Philippe III ne fut pas exécuté. Alors le gouvernement eut recours pour la première fois à un vol déguisé, à l'altération des monnaies. Les monnaies qui, suivant l'expression de Saavedra, devraient être maintenues pures comme la religion, furent falsifiées par ordre du roi [1]; et comme si l'Espagne avait été un royaume fermé de toutes parts et sans relations avec les contrées voisines, on y doubla la valeur du billon, qui jusque-là avait été proportionnée à celle des autres matières. En 1603 le gouvernement émit de la monnaie de cuivre pour la valeur de 6,320,440 ducats, et réalisa un bénéfice équivalent à la moitié de cette somme [2]. Mais bientôt tout le monde s'aperçut de la fraude. Les manufacturiers cachèrent leurs marchandises, le travail fut partout interrompu, et l'on éprouva au sein de la paix les nécessités de la guerre la plus désastreuse [3]. Les étrangers ajoutèrent encore à l'embarras général : ils inondèrent l'Espagne d'immenses quantités de cuivre, qu'ils échangèrent contre de l'or et de l'argent. A la fin il y eut dans le seul royaume de Castille pour environ 128 millions de cette monnaie de cuivre, qui avait un cours forcé et qui ne pouvait manquer de tomber en discrédit; aussi les ventes et les achats devinrent-ils tellement rares, que les revenus de l'État s'en ressentirent. [4]

1 Ustariz, 2.e partie, p. 166.

2 Ranke, t. I.er, p. 392.

3 Olmeda, *Derecho publico de la paz y de la guerra*, t. I.er, p. 137.

4 *Joannis Marianæ Tractatus de monetæ mutatione. Coloniæ Agrippinæ*, 1609. Dans cet écrit Mariana faisait ressortir les funestes conséquences de cette espèce de banqueroute. On l'en punit par la prison. Voyez *Compendio de la Historia de España, por* Don Joseph Ortiz *y* Sanz, t. VI, p. 294.

Sous le règne de Philippe IV l'épuisement du fisc fut tel que, pour soutenir la guerre contre les Portugais révoltés, le gouvernement se vit réduit à fabriquer de nouveau de cette monnaie de cuivre falsifiée. Il en émit pour six à sept millions, et lui donna cette fois une valeur fictive quatre ou cinq fois supérieure à sa valeur réelle. Cette espèce de banqueroute procura un bénéfice de vingt-quatre à vingt-cinq millions [1]; mais elle fut ruineuse pour l'industrie et pour le commerce. Les étrangers, et surtout les Hollandais, inondèrent une seconde fois l'Espagne de monnaies pareilles à celles que le gouvernement avait émises, et réalisèrent ainsi de grands profits. La Catalogne seule ne voulut jamais leur donner cours, mais les autres provinces en furent remplies, et le gouvernement ne les retira que peu à peu de la circulation. [2]

En 1637 le roi ordonna que les contrats, les marchés, les baux, les brevets, les assignations, les procédures, fussent écrits sur papier timbré (*el papel sellado*). Pendant la guerre contre la France le prix de ce papier augmenta de moitié. [3]

Enfin, une dernière mesure acheva la ruine des manufactures qui avaient résisté à tant de secousses. Ce fut le changement apporté à la perception de l'Alcavala. [4]

L'Alcavala, nous l'avons dit, était un droit de 10 pour cent, qu'on percevait sur la valeur de toute marchandise vendue ou échangée. Cet impôt avait été toujours d'un

1 Mémoires de Gourville, p. 410.

2 *Ibid.*

3 Voyez Ustariz, 1.re partie, p. 66. *Cf.* Journal du voyage d'Espagne fait en 1659, p. 420.

4 *Recopilacion de* 1640. *Lib. IX, Titulo XVII : De las Alcavalas.*

recouvrement embarrassant, et malgré la multiplicité des lois promulguées sur cette matière, il se présentait sans cesse des difficultés nouvelles[1]. Généralement l'Alcavala ne se percevait pas en entier. Les villes convenaient avec le gouvernement d'une somme fixe qu'elles payaient régulièrement tous les ans sous le nom d'Encabezamiento. Lorsque le cardinal Ximénès était à la tête du gouvernement, l'Encabezamiento n'équivalait pas même au vingtième du prix des marchandises vendues[2]. De temps en temps les villes en demandaient la prorogation, et elles l'obtenaient par l'intermédiaire des Cortès[3]. Philippe II fut le premier qui exigea rigoureusement le dixième.[4] Enfin, en 1639, Philippe IV ajouta le droit de Cientos au droit d'Alcavala, pour être perçu au profit des fermiers royaux. D'abord ce droit n'était que d'un pour cent; pour stimuler le zèle des fermiers royaux, on le porta à deux pour cent en 1642; puis à trois pour cent en 1656; enfin, à quatre pour cent en 1664[5]. Ainsi les droits réunis d'Alcavala et de Cientos s'élevèrent à quatorze pour cent. Depuis cette augmentation une sorte de lutte permanente s'établit entre les marchands et les fermiers royaux; les marchands ne songeant qu'à frauder les droits dont la perception rigoureuse les aurait ruinés, tandis que les fermiers leur tendaient des piéges pour augmenter leurs profits[6]. Ils intervenaient dans les moindres transactions

1 Ustariz, 2.e partie, p. 113.

2 Ranke, t. I.er, p. 337.

3 Cortès de 1558, *Petic. V: De dar el dicho Encabezamiento perpetuamente en el precio en que estava, a lo menos prorogacion por otros veynte años*, cité d'après Ranke, t. I.er, p. 338.

4 Cabrera, *Ayudaba al Rey muy bien el frudo de la nueva imposicion de la Alcavala de diez por ciento....*, cité d'après Ranke, t. I.er, p. 381.

5 Ustariz, 1.re partie, p. 66. — Ulloa, 1.re partie, p. 26-48.

6 Ulloa, 1.re partie, p. 96.

entre les particuliers; souvent ils confisquaient les marchandises vendues en fraude; quelquefois ils allaient jusqu'à mettre sous clef les étoffes des marchands dont ils suspectaient la bonne foi[1]. Ce qu'il y avait de plus odieux, c'est qu'ils percevaient les droits d'Alcavala et de Cientos plusieurs fois sur les mêmes marchandises. Ils les percevaient d'abord sur les matières brutes, puis sur les matières manufacturées, et non-seulement à la première vente, mais à toutes les ventes successives.[2]

Ainsi Campomanès avait raison de demander l'abolition de l'Alcavala, comme le seul moyen de venir en aide aux manufactures. En effet, la perception rigoureuse de cet impôt onéreux avait porté un coup mortel à l'industrie[3]. Qu'on en juge par les faits suivants:

Un ouvrier faisait par jour quatre vares de l'étoffe connue sous le nom de *manto;* en supposant qu'il travaillât 300 jours par an, son ouvrage montait à 1200 vares, sur lesquels il fallait prélever pour les droits d'Alcavala et de Cientos une somme équivalente à la valeur de 168 vares. La vare se vendant 8 réaux, la somme à payer était de 1344 réaux. Mais l'ouvrier ne gagnant qu'un réal par vare ou quatre réaux par jour, était obligé, lorsqu'il vendait son étoffe, de payer aux agents du fisc tout ce qu'il avait gagné, plus 144 réaux. Par conséquent il perdait en travaillant; il gagnait donc à ne rien faire.[4]

1 Ustariz, 2.e partie, p. 108.

2 *Ibid.*, p. 107.

3 Campomanès, *Apendice à la Educacion popular*, t. IV, Introduction, p. xxxii: *Habiendo sido esta la principal causa de la decadencia de las artes y oficios en España, mientras dure la Alcabala, subsistiran abatidas é imperfectas.*

4 Ulloa, 1.re partie, p. 30.

Il y avait en Espagne de nombreuses manufactures de savon, de verre et de cristaux. Les matières premières s'en trouvaient en abondance. L'impôt d'Alcavala et de Cientos les fit tomber.[1]

Les sucreries des provinces de Grenade et d'Andalousie disparurent sous le règne de Philippe IV. Soumises aux droits d'Alcavala, de Cientos et de Milliones, elles cessèrent de pouvoir lutter contre le bas prix des sucres étrangers.[2]

Les manufactures de soie de Séville et de Grenade furent ruinées. Indépendamment des droits de revente, elles étaient surchargées d'un droit de douane de quatorze pour cent. A la fin du 17.e siècle on n'en comptait plus cent à Séville.[3]

Il devint impossible de fabriquer le lin, le chanvre, la laine, le coton, le poil de chameau et de chèvre; toutes ces matières premières sortaient du royaume pour y revenir fabriquées par les étrangers. Les fabricants de papier, de chapeaux, de boucles et de boutons de métal, d'épingles, de peignes, renoncèrent à leur industrie. Les ouvriers en poterie et en porcelaine, ceux en laiton, en acier, les serruriers, les forgerons, cessèrent de travailler.[4]

Quelquefois le gouvernement accordait des exemptions d'impôt. Ainsi la petite ville de Motril, près de Grenade, était exempte par un privilége spécial des droits d'Alcavala et de Cientos. Mais tel était l'excès des autres impôts, que ses manufactures, jadis si florissantes, finirent

1 Ulloa, 1.re partie, p. 51.

2 *Ibid.*, p. 55.

3 Voyez la requête que les fabricants de soie de Séville adressèrent au roi en 1712. Ustariz, 2.e partie, p. 108.

4 Ulloa, 1.re partie, p. 121-124.

par succomber. Au commencement du 18.e siècle on n'y comptait plus que quatre ateliers.[1]

La détresse devint si grande que Philippe IV résolut de demander conseil aux députés de la nation. Il assembla les Cortès; mais depuis longtemps les Cortès avaient perdu leur dignité et leur indépendance : depuis longtemps elles ne faisaient qu'enregistrer servilement les volontés royales. On craignait une seule chose : les députés pouvaient avoir reçu des instructions secrètes de la part de ceux qu'ils étaient censés représenter. C'est pourquoi le président les obligeait de jurer par Dieu et la vierge Marie, par la sainte Croix et les quatre Évangiles, qu'ils remettraient entre ses mains toutes les instructions qu'ils pouvaient avoir reçues ou qu'ils pourraient recevoir pendant la durée de la session[2]. Qu'attendre d'une pareille assemblée? Des disputes de préséance, des discours emphatiques, de basses flatteries. Et cependant les Cortès assemblés par Philippe IV osèrent s'élever contre les abus qui ruinaient la monarchie; mais le roi ne pouvait faire droit à leurs réclamations, sans renoncer à combattre par toute l'Europe les ennemis de la religion catholique. Il persévéra dans son système, et se contenta d'ordonner des prières publiques à sainte Thérèse de Jésus, la glorieuse patronne de l'Espagne.[3]

1 Ustariz, 2.e partie, p. 95.
2 Ranke, t. I.er, p. 229.
3 Cespedes y Meneses, *Felipe quarto*, p. 584. Lisbonne, 1631.

SECONDE PARTIE.

Des causes de la ruine du commerce.

CHAPITRE PREMIER.

Par une conséquence nécessaire, la ruine de l'industrie entraîna la ruine du commerce. Les Espagnols ne pouvaient plus exporter les produits de leurs manufactures, depuis qu'elles ne suffisaient plus à leurs propres besoins. Aussi leur commerce devint-il purement passif; car ils étaient réduits à donner leur or et leur argent, pour se procurer des articles fabriqués, qui leur venaient de France, d'Angleterre, de Hollande, de Hambourg et de Gênes, et dont ils possédaient le plus souvent les matières premières. Les mines de la Nouvelle-Espagne, du Chili, des îles de Porto-Rico et de Cuba, fournissaient du cuivre en abondance; les vaisseaux en prenaient pour lest à leur retour, et en rapportaient de grandes quantités sans frais aucuns; et cependant on n'employait pas les cuivres de l'Amérique à la fonte de l'artillerie, parce qu'on manquait d'ouvriers. D'ailleurs on n'avait pas trouvé l'art de les affiner et de les mélanger pour les réduire en bronze. On se servait de ceux de Suède et de Hongrie, qui étaient d'une qualité inférieure, comme on le reconnut plus tard dans les fonderies de Séville[1]. On faisait venir également de l'étranger une foule d'instruments et d'ustensiles de

1 Ustariz, 2.e partie, p. 74.

cuivre; les Hollandais les achetaient aux Allemands, pour les revendre en Espagne[1]. Le fer de la Biscaye était d'une qualité supérieure, et cependant on faisait venir l'acier de Milan et d'ailleurs[2]. Presque toutes les pièces d'habillement étaient tirées de l'étranger. On portait des manteaux anglais, des bonnets de Lombardie, des chaussures d'Allemagne; on achetait les lins de Hollande, les tapisseries de Bruxelles[3]. La majeure partie des Bréviaires, des Missels, des livres de chant, venaient de l'étranger, faute d'imprimeurs en Espagne[4]. Le pain même était apporté par les étrangers dans certaines provinces : la loi exemptait de l'Alcavala les marchands qui en apportaient par mer à Séville[5]. Quelquefois les étrangers achetaient en Espagne les matières premières, qu'ils rapportaient manufacturées, et dont ils faisaient payer la main-d'œuvre aux Espagnols. Les laines et les soies leur revenaient ainsi fabriquées du dehors.[6]

En somme, les étrangers faisaient les cinq sixièmes du commerce en Espagne. Ils en faisaient les neuf dixièmes en Amérique[7], depuis que les Espagnols n'étaient plus en état de fournir aux besoins de leurs colonies. Quelles

1 Ustariz, 2.e partie, p. 74.

2 Campomanès, *Apendice*, t. IV, Introduction, p. xxxiv. — Voyage d'Espagne fait en 1655, p. 323.

3 Ranke, t. I.er, p. 409.

4 Ustariz, 2.e partie, p. 40. Il n'y avait pas en Espagne « d'imprimeurs assez forts pour entreprendre de grands ouvrages... On les faisait imprimer à Anvers ou à Lyon. » Journal du voyage d'Espagne fait en 1659, p. 195.

5 *Recopilacion de* 1640. *Liv. IX. Tit. XVIII. Ley* 36. *Mandamos que sean francos, y no paguen Alcavala, los estrangeros de fuera de nuestros reynos, del pan que traxeren por la mar a vender à Sevilla.*

6 Ulloa, 1.re partie, p. 15-17.

7 *Los estrangeros negocian en España de seis partes las cinco, de quanto se negocia en ella; y en Indias de diez partes las nueve.* Voyez Moncada, *Restauracion politica de España*, cité d'après Campomanès, *Apendice*, t. IV, p. 366.

étaient donc les causes de ce commerce de contrebande avec les Indes, qui enrichit pendant cent ans les nations étrangères au préjudice de l'Espagne?

Tous les ans deux escadres sortaient du port de Séville pour approvisionner le Mexique et le Pérou. On les appelait la flotte et les galions. Les galions fournissaient les marchés de la terre ferme et les royaumes du Pérou et du Chili. C'étaient dix vaisseaux de guerre, dont huit de 44 à 52 canons, les deux autres étaient de simples *pataches,* dont la plus grande portait 24 canons, la plus petite 6 ou 8. La flotte était destinée à faire le commerce avec la Nouvelle-Espagne et les provinces voisines; elle se composait de deux vaisseaux de 52 à 55 canons. Les deux escadres étaient accompagnées d'un certain nombre de vaisseaux marchands, auxquels elles servaient d'escorte, et qui portaient chacun 120 hommes d'équipage et de 30 à 34 canons. Il y en avait 10 à 12 qui accompagnaient les galions à Carthagène et à Porto-Bello, et 8 à 10 qui accompagnaient la flotte à Véra-Cruz[1]. Déjà avant l'arrivée des galions, les commerçants du Pérou et du Chili transportaient à Porto-Bello les produits de leurs mines et d'autres marchandises précieuses, destinées à être échangées contre les articles manufacturés de l'Espagne. Cette ville se remplissait alors d'une foule innombrable, et le marché restait ouvert pendant 40 jours. La fixation du cours des marchandises se faisait par les députés espagnols et américains, de telle sorte, que la cargaison entière des galions absorbât tous les trésors apportés par les commerçants du Pérou et du Chili. Tout était

1 Voyez la seconde partie du rapport du comte de Rebenac.

prévu, réglé d'avance; aucune liberté ne régnait dans les transactions commerciales. Il y avait des articles fixés à 100 pour cent de bénéfice, d'autres à 150, quelques-uns à 300. Le prix des marchandises étant rendu public, on entrait en négociation, et les marchands d'Espagne et d'Amérique faisaient aisément leurs comptes en se réglant sur les prix fixés. Puis on échangeait les marchandises contre l'argent en barres ou en piastres, et des deux côtés on apportait tant de bonne foi à cet échange, qu'on n'ouvrait pas même les caissons de piastres, et qu'on ne vérifiait pas le contenu des ballots. Cette confiance réciproque n'était jamais déçue; souvent même il se rencontrait des sacs d'or mêlés par erreur parmi ceux d'argent, et dans la livraison des marchandises il se trouvait parfois des articles qu'on n'avait pas portés sur les factures. Dès que l'erreur était reconnue, elle était exactement suivie de la restitution.[1]

Pendant ce temps la flotte allait aborder à Véra-Cruz, où les négociants américains avaient transporté d'avance les produits les plus précieux de la Nouvelle-Espagne et des provinces qui en dépendaient. L'échange se faisait d'après les mêmes principes que sur le marché de Porto-Bello. Les deux escadres se rejoignaient ensuite à la Havane, et revenaient ensemble en Europe. Dans les premiers temps elles avaient abordé au petit port de San Lucar, à l'entrée duquel se trouvait une tour, qu'on appelait la tour de l'or[2]; plus tard elles abordèrent au port de Cadix. Mais elles ne rapportaient pas seulement de l'or, elles rapportaient aussi de l'indigo, de la coche-

1 ULLOA, 2.e partie, p. 100.
2 Journal d'un voyage en Espagne, p. 414. Paris, 1669.

nille, du sucre, de la vanille, des cuirs tannés en quantité prodigieuse, que leur fournissait la Nouvelle-Espagne.[1] Il faut ajouter le quinquina du Pérou, le tabac de Cuba et de la Havane, le cacao, et une foule d'autres articles recherchés en France, en Angleterre, en Italie, en Allemagne. En retour de tant de marchandises précieuses, les Espagnols fournissaient des draps, des meubles, des instruments de tout genre, des objets de luxe, du vin et une partie considérable des autres provisions de bouche qui se consommaient en Amérique.[2]

Pour rendre ce commerce plus lucratif et plus durable, les rois d'Espagne avaient soumis les colonies à des règlements injustes et arbitraires, qui avaient pour but d'étouffer leur industrie naissante, et de les tenir dans une dépendance complète de la métropole. On défendit aux habitants du Mexique et du Pérou l'exercice des métiers de tisserand, de teinturier, de foulon, de cordonnier, de chapelier, et ils furent forcés d'acheter aux Espagnols jusqu'aux étoffes dont ils avaient besoin pour se vêtir. Les Indiens faisaient encore la plus grande partie de la population. Autrefois ils vivaient presque nus, et ils fabriquaient eux-mêmes ce dont ils avaient besoin pour leur habillement ou pour leur parure. Maintenant ils étaient contraints de se vêtir d'étoffes étrangères. Mais souvent leur travail suffisait à peine pour les nourrir, et alors ils étaient réduits à cacher leur nudité dans les forêts, et à recommencer la vie presque sauvage de leurs ancêtres. C'est sans doute à cette cause, bien plus qu'au travail des mines, qu'il faut attribuer la diminution ra-

1 Humboldt et Robertson, *passim.*

2 Robertson, Histoire de l'Amérique, t. III, p. 290.

pide de la race des Indiens[1]. Par une autre loi, non moins vexatoire, on avait défendu aux habitants des colonies, sous des peines sévères, de cultiver la vigne, l'olivier, et d'établir toutes sortes de manufactures à l'imitation de celles d'Espagne. Les habitants du Pérou et du Chili avaient seuls la permission de planter des vignes et des oliviers, à cause de la trop grande distance de la métropole; mais il leur était rigoureusement défendu d'envoyer de l'huile ou du vin à Panama, à Guatimala, et dans toute autre province à portée d'en recevoir de l'Espagne[2]. Ainsi pendant des siècles les colonies de l'Amérique ne furent regardées comme utiles à la métropole, qu'autant qu'elles fournissaient un grand nombre de matières premières, et qu'elles consommaient beaucoup de denrées et de marchandises de la mère patrie.

Or, des principes d'après lesquels on arrache la vigne et l'olivier, et d'après lesquels on défend d'établir des manufactures, ne sont pas conformes à une saine politique. On eût dû prévoir que des colonies auxquelles on interdisait l'industrie, le commerce et jusqu'à certaines branches de l'agriculture, ne pouvaient que dépérir à la longue, ou se pourvoir à l'étranger par contrebande, ou songer à se rendre indépendantes. Ainsi les rois d'Espagne firent une faute grave en réduisant les colonies à se laisser exploiter par la métropole.

Ce fut une nouvelle faute de borner le commerce des Indes au seul port de Séville, et plus tard à celui de Cadix; car on sacrifiait ainsi les intérêts de l'Aragon et de la Catalogne à ceux de la Castille. Défense formelle

1 Ulloa, 2.e partie, p. 193-206.
2 Robertson, Histoire de l'Amérique, t. III, p. 286.

était faite aux autres villes maritimes d'envoyer directement en Amérique les produits de leurs manufactures. Un tribunal de commerce, établi à Cadix sous le titre de *Casa de la Contratacion,* fixait tous les ans la quantité et la nature des marchandises qu'il convenait d'importer dans les colonies. Ce privilége, accordé à une seule ville, à l'exclusion de toutes les autres, devint funeste au commerce de l'Espagne. Quelques négociants de Cadix s'entendirent pour étouffer toute concurrence, et ils y parvinrent. Une fois en possession exclusive du commerce des Indes, ils haussèrent le prix des marchandises au gré de leur cupidité. Souvent ils s'entendaient entre eux pour ne pas envoyer des marchandises en quantité suffisante, et alors ils réalisaient des bénéfices énormes [1]. Ainsi les habitants du Mexique et du Pérou étaient obligés d'acheter les marchandises d'Espagne au taux exagéré auquel on voulait bien les leur vendre. N'était-ce pas provoquer et rendre légitime le commerce de contrebande?

Il eût été d'une politique plus sage, d'établir une complète liberté de commerce entre l'Espagne et l'Amérique, et de ne pas perpétuer des rivalités de provinces, qui nuisaient aux intérêts de la monarchie. Alors la concurrence aurait maintenu le prix naturel des marchandises, qui n'eût plus dépendu des caprices de quelques commerçants. Mais les successeurs de Charles-Quint avaient des idées trop étroites, trop exclusives, pour réformer un abus si criant. Il ne fallut rien moins que l'avénement d'une nouvelle dynastie, pour que toutes les provinces de l'Espagne fussent admises à participer au commerce

1 Robertson, Histoire de l'Amérique, t. III, p. 349.

des Indes. En 1765, Charles III ordonna qu'à l'avenir les produits de l'Andalousie seraient exportés en Amérique par les ports de Cadix et de Séville; ceux de Valence et de Murcie par les ports d'Alicante et de Carthagène; ceux du royaume de Grenade par le port de Malaga; ceux de la Catalogne et de l'Aragon par le port de Barcelonne; ceux de la Castille par Santander; ceux de la Galice par la Corogne; ceux des Asturies par le port de Gijon[1]. Cette ordonnance, promulguée cent ans plus tôt, eût servi à relever le commerce de l'Espagne. Mais les Castillans n'auraient pas souffert une pareille infraction à leurs priviléges.

Ainsi, pendant le 17.e siècle, le commerce des Indes resta borné à une seule ville, lorsque le royaume tout entier n'aurait pu suffire aux besoins des colonies. En 1545 elles avaient commandé une si grande quantité de marchandises, qu'on jugea impossible de les fournir avant six ans[2]; et cependant les manufactures de l'Espagne étaient à cette époque nombreuses et florissantes. Or, au milieu du 17.e siècle, les escadres réunies de la flotte et des galions ne portaient habituellement qu'environ 27,000 tonneaux[3]. Ces chargements étaient bien insuffisants pour approvisionner des contrées aussi vastes que le Mexique et le Pérou.

Il arriva à la fin que les marchands espagnols furent obligés eux-mêmes de recourir à l'étranger, et de prêter leurs noms pour éluder la loi qui s'opposait au commerce des colonies avec les autres nations.

1 Campomanès, *Apendice*, t. II, p. 41.
2 Robertson, Histoire de l'Amérique, t. III, p. 464, note.
3 Campomanès, *Educacion popular*, I, 435; II, 110; cité d'après Robertson, t. III, p. 350.

Bientôt tout le commerce qui se faisait à Cadix, ne roula plus que sur des fraudes. Les négociants de France, d'Angleterre, de Hollande, de Gènes, de Hambourg, embarquaient sur les galions leurs propres marchandises, en les passant de bord à bord et sans les faire inscrire sur les registres de la Contratacion. Au retour des galions ils recevaient le prix de leurs marchandises en lingots d'or et d'argent, ou en piastres, qu'on leur passait à la barre de Cadix. Cette double fraude se faisait avec le secours et la connivence des Espagnols[1]. Quelquefois la contrebande se faisait presque ouvertement. Lorsqu'un navire marchand entrait dans la rade de Cadix, il était d'usage que la douane envoyât un garde pour empêcher qu'on ne débarquât une partie des marchandises, sans payer les droits. Mais ce garde n'était reçu que sur la présentation d'un billet du consul d'Espagne, qui attendait souvent trois à quatre jours, avant de donner ce billet, afin de laisser aux étrangers suffisamment de temps pour décharger en fraude une partie de la cargaison. Ensuite le capitaine du navire venait remettre son livre de bord au consul. Tous ceux qui étaient intéressés à la cargaison, se rendaient également auprès du consul, et chacun convenait du nombre de ballots qu'il souhaitait de déclarer à la douane. On en faisait un état en gros, qui ne spécifiait ni la qualité ni la quantité véritable des marchandises, et qui ne contenait quelquefois pas même la 20.ᵉ partie du chargement. Cet état, signé par le capitaine du vaisseau et par le commis du consul, était porté à la douane; et si par hasard on visitait les ballots,

1 Tous ces détails et ceux qui suivent sont empruntés à la seconde partie du rapport du comte de Rebenac.

et qu'on y trouvât une plus grande quantité de marchandises, on ne les confisquait pas, et l'on exigeait seulement une augmentation de droits à payer pour la quantité qui n'avait pas été déclarée.

Ces faits semblent prouver, que le commerce de contrebande était plutôt autorisé tacitement, qu'ignoré du gouvernement espagnol. En effet, d'après la loi, toutes les marchandises qui étaient embarquées à Cadix pour les Indes, et aux Indes pour Cadix, devaient être portées sur les registres de la Contratacion, sous peine de confiscation. Les registres de Cadix devaient être envoyés aux Indes, et ceux des Indes à Cadix, pour empêcher toute fraude. Ces mesures de précaution n'auraient pas manqué d'atteindre leur but, si le gouvernement les avait exécutées rigoureusement; mais le gouvernement savait que l'Espagne ne pouvait suffire aux demandes des colonies, et il ne se souciait pas de proclamer hautement sa détresse. Il aima mieux maintenir en apparence son système d'exclusion, que d'y renoncer avec éclat.

En 1614, un édit de Philippe III prononça la peine de mort et la confiscation des biens contre tous ceux qui introduiraient des marchandises étrangères en Amérique[1]. Mais ce même prince autorisait par son consentement tacite le commerce de contrebande, qu'il condamnait ostensiblement. Cette politique était assez habilement calculée : elle ne compromettait pas la dignité du gouvernement à l'extérieur, et de plus, elle lui assurait des ressources financières. La Casa de la Con-

1 Ulloa, 2.e partie, p. 190.

tractacion de Cadix avait ordonné l'imposition d'un indult ordinaire à chaque voyage des galions et de la flotte, comme pour compenser le roi de la perte qu'il recevait dans ses droits par le commerce de contrebande. L'indult des galions rapportait au roi 400,000 écus par an; celui de la flotte 275,000; et à leur retour des Indes les deux escadres étaient frappées d'une nouvelle contribution, proportionnée aux besoins du gouvernement[1]. Ces indults enrichissaient et le roi et ses ministres. En effet, si le roi recevait 600,000 écus, les députés du consulat de Cadix imposaient peut-être un million d'écus, et quelquefois des sommes beaucoup plus fortes encore; car ils étaient sûrs d'acheter par des dons magnifiques le silence des ministres. Ensuite le gouvernement s'était réservé, par cette politique tortueuse, le moyen d'exclure du commerce des Indes toute nation dont il avait à se plaindre. Il n'avait qu'à lui appliquer ces lois, qu'il laissait habituellement sans exécution. C'est ainsi qu'en 1624, le comte d'Olivarès fit saisir plus de 160 vaisseaux hollandais, qui étaient entrés à Cadix et dans les autres ports du royaume, sous pavillon autrichien, et qui allaient introduire par fraude une immense quantité de marchandises[2]. Environ 20 ans plus tard, un différend étant survenu entre l'Espagne et la république de Gênes, au sujet de Final, Philippe IV fit séquestrer les biens des marchands génois, qui commerçaient dans ses États[3]. Lorsqu'on connut en Espagne la

1 Voyez la seconde partie du rapport du comte de Rebenac.

2 *Compendio de la historia de España, por* DON JOSEPH ORTIZ *y* SANZ, t. VI, p. 294.

3 Voyage d'Espagne fait en 1655, p. 71 et suivantes.

véritable destination de la flotte que Cromwell avait envoyée aux Indes en 1655, les marchands anglais, qui se trouvaient à Séville et à Cadix, furent pareillement arrêtés et dépouillés [1]. Enfin, le gouvernement avait réussi par cette conduite habile à faire profiter les nationaux du commerce de contrebande; car les marchandises de l'étranger étaient introduites en Amérique sous pavillon espagnol, et les Espagnols en retiraient quelques avantages.

Mais à la fin les commerçants de France, d'Angleterre et de Hollande entreprirent de faire ce trafic sans intermédiaire, et de vendre directement leurs marchandises aux Américains. Ceux-ci favorisèrent ce commerce, en leur donnant rendez-vous dans certaines cales, à des époques où les gardes-côtes s'en trouvaient éloignés. Quelquefois des *balandres* légères et construites de manière à pouvoir approcher le plus possible du rivage, faisaient la contrebande à la vue des vaisseaux espagnols chargés de surveiller les côtes et qui ne pouvaient approcher autant qu'elles du rivage. Si les Espagnols envoyaient contre elles d'autres *balandres* armées, des chaloupes détachées de la flotte ennemie leur donnaient la chasse [2]. Les côtes du Mexique et du Pérou sont d'ailleurs d'une telle étendue, qu'il était presque impossible d'exercer partout une surveillance également active. Vers le milieu du 17.e siècle, quand les Hollandais se furent emparés de l'île de Curaçao, et les Anglais de celle de la Jamaïque, leur commerce avec les Américains prit une extension plus grande encore, à cause du peu de distance de ces deux

1 Voyage d'Espagne fait en 1655, p. 162 et suivantes.
2 Ulloa, 2.e partie, p. 142.

îles au continent[1]. Les commerçants du Chili et du Pérou ne voulurent plus avoir affaire qu'aux Hollandais et aux Anglais. Ce fut au point que les *retours* annuels de la Jamaïque en Angleterre montèrent à six millions de piastres[2]. Aussi le marché de Porto-Bello restait-il désert. A la fin du règne de Charles II, les galions attendaient quelquefois trois ans l'arrivée des marchands américains. Pendant ce temps les vaisseaux étaient attaqués des vers, les marchandises s'avariaient, et les commerçants dépensaient d'avance leurs profits.

On fut réduit à mettre des intervalles de quatre, de cinq et de six ans, entre une expédition de galions et la suivante, afin d'éviter une attente si longue et si ruineuse. Mais ces retards ne pouvaient servir qu'à faire languir le commerce des Espagnols, et à perpétuer celui des étrangers.[3]

Pendant les guerres maritimes le trafic de contrebande prenait plus d'accroissement encore. Les Indes espagnoles jouissaient alors d'une espèce d'indépendance. Aussi longtemps que les communications avec la métropole restaient interrompues, les vice-rois du Mexique et du Pérou se relâchaient de leur sévérité, et permettaient même de temps en temps le commerce avec les neutres. La contrebande se faisait alors avec la plus grande facilité. Il arriva pendant la guerre pour la succession d'Espagne, que des vaisseaux marchands de Saint-Malo passèrent le détroit de Magellan, pour arriver à Lima, et comme le pays était dépourvu de marchandises, ils firent des profits

1 Ulloa, 2.e partie, p. 31.
2 *Ibid.*, p. 33.
3 *Ibid.*, p. 113.

incroyables, et réalisèrent jusqu'à 800 pour cent de bénéfice[1]. Les Anglais assiégeaient à cette époque les côtes de l'Espagne, et les galions ne s'aventuraient pas volontiers à faire le voyage de l'Amérique. En 1702 ils furent brûlés à leur retour dans le port de Vigo[2], et l'on vit alors un exemple remarquable de cette probité et de cette bonne foi, qui caractérisent les marchands espagnols. Ils aimèrent mieux prendre sur eux la perte tout entière, que de trahir la confiance publique, en révélant les noms des commerçants étrangers, dont ils avaient transporté les marchandises sous leur nom. Sous le règne de Philippe IV les Anglais épièrent à plusieurs reprises le retour des galions, pour les capturer ou pour les détruire. Leurs flottes croisaient devant Cadix, et interrompaient le commerce entre la métropole et les colonies. Les faits suivants peuvent donner une idée de la prépondérance que les Anglais avaient acquise sur mer, et de l'usage qu'ils en faisaient pour ruiner le commerce de l'Espagne.

« Dans cette guerre toute maritime, les richesses même « des Espagnols leur tournaient à désavantage. Ils avaient « de trop grandes pertes à faire; et les galions, chargés « d'or, que leur envoyait le Mexique, à travers cette vaste « étendue de mers, allaient rencontrer les escadres anglai- « ses, animées par une proie si riche. Le premier ordre « que donna Cromwell à Blake et à Montague, fut d'épier « le retour annuel de ces trésors. Les deux amiraux, à « la tête d'une flotte nombreuse, vinrent croiser devant « Cadix; et de la hauteur des côtes d'Espagne, ils fer- « maient la route d'Amérique. En même temps, par l'or-

1 Ulloa, 2.e partie, p. 105.
2 *Ibid.*, p. 150.

« dre du Protecteur, ils envoyèrent quelques vaisseaux « pour bloquer Dunkerque, sans qu'aucune flotte espa- « gnole sortît pour les combattre. Vers le milieu de l'au- « tomne, les deux amiraux furent obligés de se rapprocher « du Portugal, pour renouveler les provisions de leur « flotte, qui tenait la mer depuis plusieurs mois : ils lais- « sèrent devant Cadix le capitaine Stayner, avec sept fré- « gates. Ce fut lui qui reçut cette grande occasion, atten- « due si longtemps. Une première flotte espagnole, partie « du port de Lima, avait heureusement traversé les périls « d'une course si longue et d'une saison avancée; elle était « composée de quatre galions chargés d'or, de trois vais- « seaux de guerre, et traînait à sa suite une prise por- « tugaise. Le vice-roi de Lima revenait sur un des vais- « seaux, avec ses trésors et sa nombreuse famille. Arrivée « près de Saint-Lucar, toute cette flotte salua, d'une dé- « charge d'artillerie, les côtes prochaines de l'Espagne. Alors « parut l'escadre anglaise..... Stayner n'attaqua d'abord « qu'avec trois frégates, et s'attachant au vaisseau vice- « amiral, il le réduisit, après un combat de six heures; vain- « queur, il put à peine arracher quelques richesses du mi- « lieu des flammes du navire, embrasé par la main des « Espagnols. Le vice-roi de Lima expira dans les flammes « avec son épouse; il s'était efforcé d'éloigner ses enfants « de l'incendie, qu'il avait lui même ordonné; malgré les « soins de ce malheureux père, un de ses fils et sa fille, « promise au jeune duc de Medina Cœli, périrent dans « l'affreux désordre du combat. Les cinq autres enfants, « sauvés par une chaloupe, furent recueillis par la pitié « des vainqueurs.

« Le vaisseau amiral, qui portait de grandes richesses,

« fit naufrage en fuyant; deux autres furent pris par les « Anglais, et le reste s'échappa vers Gibraltar. Malgré tout « ce que l'incendie avait enlevé aux vainqueurs, plus de « deux millions en lingots furent portés à Londres, comme « un monument de triomphe.[1] »

En 1657 « Blake, après avoir passé l'hiver entre Cadix « et les côtes de Portugal, avait appris au renouvellement « de la saison, qu'une flotte espagnole, plus riche encore « que sa première proie, était à l'ancre dans la baie de « Ténériffe. Le 13 avril il partit, et le 20 il toucha Téné- « riffe. L'amiral espagnol, qui n'était pas indigne de com- « battre ce redoutable assaillant, avait abrité ses petits « navires sous les batteries des forts, qui défendaient le « rivage, et placé plus avant six grands vaisseaux à l'ancre. « Blake résolut de brûler les galions, s'il ne pouvait s'en « emparer. Il partagea ses forces. Stayner pénétra dans la « baie, et vint attaquer les navires sous le feu même des « forteresses. L'amiral disposa près des forteresses quel- « ques-uns de ses plus grands vaisseaux, dont l'artillerie « força la garnison ennemie d'abandonner un poste si « dangereux. Avec le reste de sa flotte, il combattit pen- « dant quatre heures les grands galions, qui furent incen- « diés, tandis que Stayner brûlait ou coulait bas le reste « du convoi. Cette flotte, ainsi renfermée dans la baie de « Santa-Crux, périt tout entière, sans enrichir les vain- « queurs.[2] »

Pendant presque toute la durée du protectorat de Cromwell, le commerce de l'Espagne avec ses colonies

1 Histoire de Cromwell par M. Villemain, t. II, p. 135 et suiv. *Cf.* un passage intéressant du Voyage d'Espagne fait en 1655, p. 250 et suiv.

2 Histoire de Cromwell par M. Villemain, t. II, p. 205.

fut interrompu. L'Océan avait cessé d'être espagnol[1], et le pavillon rouge de l'Angleterre y flottait sans rival.[2]

Il nous reste à donner quelques chiffres, pour démontrer sur quelle vaste échelle le commerce de contrebande se faisait avec l'Amérique sous le règne de Charles II.

La France expédiait tous les ans, par les galions, des toiles de Rouen, de la sorte appelée Louvier, pour 400,000 livres; d'autres toiles de Rouen, connues sous le nom de Fleurêtes et Blanquardes, pour 2,400,000, également par les galions; et par la flotte pour environ 1,800,000. On en consommait en Espagne pour 150,000. Des toiles de Quintin et de Pointivis ordinaires, pour 3,000,000 de livres, qu'on vendait tant en Amérique qu'en Espagne. Des toiles de Laval, dites Basse Laise, pour 400,000 livres, et de celles, dites Haute Laise, pour 750,000; elles se consommaient moins en Amérique qu'en Espagne, et surtout à Cadix, à Séville et à Madrid. Des toiles de Cambrai, pour environ 475,000 livres; des chapeaux de Castor, pour 400,000 livres. Des dentelles d'or et d'argent fin, pour 495,000 livres par les galions, et par la flotte pour 132,000. Des dentelles noires de Paris, pour 70,000 livres par les galions. Des dentelles de soie, pour 250,000, également par les galions. Des moires d'or et d'argent, pour 300,000 livres par les galions, et pour 80,000 par la flotte. Des picottes de laine, fabriquées à l'Isle, pour 900,000 livres par les galions, et pour 1,200,000 par la flotte, qu'on vendait au Mexique et en Espagne.[3]

1 Expression de Caldéron.

2 Voyez le chant patriotique du poëte anglais Waller, cité par M. Villemain, *ibid.*

3 Tous ces détails et ceux qui suivent sont empruntés au rapport du comte de Rebenac.

En somme, les Français portaient tous les ans à Cadix pour 9 à 10 millions de marchandises, dont 3 à 4 se consommaient dans le pays, et le reste aux Indes. Mais comme ils n'entreprenaient pas le commerce d'expédition, et que leurs vaisseaux étaient chargés presque exclusivement des produits des leurs propres manufactures, ce commerce allait diminuant d'année en année, au profit de l'étranger.

Les Hollandais expédiaient tous les ans des toiles de coton teintes, pour environ 200,000 livres par les galions, et pour 120,000 par la flotte. Des draps de toutes sortes, pour 450,000 par les galions, pour 300,000 par la flotte. Des camelots, pour 900,000 livres; des ustensiles de cuivre, pour environ 300,000; des brocards d'or et d'argent, pour environ un million, tant par la flotte que par les galions. En outre ils fournissaient l'Amérique espagnole d'épiceries, de goudron, de cordages.

Les Anglais expédiaient tous les ans des étoffes dites Bayettes, dont il se consommait une quantité prodigieuse, parce que les Espagnols s'en habillaient l'été, et en confectionnaient presque toujours leurs manteaux. Il en passait en Amérique pour environ 1,400,000 livres, par les galions, pour 340,000 par la flotte, et il en entrait en Espagne pour 280,000. Des étoffes, dites Étamines, pour 420,000 par les galions, pour 350,000 par la flotte, pour 100,000 en Espagne. Des draps, pour 200,000 livres par les galions, pour 130,000 par la flotte. De la cire blanche, pour plus de deux millions; les Espagnols en faisaient une consommation prodigieuse, pour illuminer leurs églises aux nombreux jours de fête qu'ils célébraient tous les ans; aussi les Français, les Hollandais et les

Flamands leur vendaient-ils une quantité de cire plus considérable encore que les Anglais.

Les Hambourgeois expédiaient tous les ans des toiles, dites Platilles, qu'ils confectionnaient eux-mêmes, pour 950,000 livres par les galions, pour 600,000 par la flotte, et pour 300,000 en Espagne. Des toiles, dites Bocadilles, pour 300,000 livres, et une foule d'autres articles, qui faisaient concurrence avec ceux de France.

Les Génois vendaient tous les ans des étoffes d'or, d'argent et de soie, pour plus de 4 millions de livres, tant en Espagne qu'en Amérique. Des velours, pour 300,000; des dentelles d'or et d'argent, qu'ils tiraient de Genève, pour 300,000; du fil d'or et d'argent, pour 100,000; des soies torses de Gènes, de Naples et de Calabre, pour 800,000; des rubans de toutes couleurs, pour 1,500,000; des bas de soie, fabriqués à Gènes, à Milan, à Messine, à Naples, pour 900,000; des taffetas de Pise, pour 200,000. En outre, les Génois prêtaient à usure aux officiers généraux et aux capitaines des galions, et même aux marchands espagnols qui faisaient le commerce des Indes. A chaque dépêche des galions et de la flotte ils fournissaient ainsi 3 à 4 millions, qui leur rapportaient 30 et jusqu'à 50 pour cent d'intérêt.

Les Flamands expédiaient des dentelles de fil blanc, pour 1,200,000 livres par les galions, pour 600,000 par la flotte, pour 250,000 en Espagne; des camelots de Bruges et de Bruxelles, pour 450,000; des hollans ou batistes, pour 400,000.

Il n'y avait pas jusqu'à la Chine, qui ne fournît son contingent à l'approvisionnement de l'Amérique. Le port d'Acapulco, dans le Mexique, servait de débouché à ses marchandises. Les Espagnols établis aux îles Philippines avaient construit deux vaisseaux, qui venaient presque tous les ans débarquer dans ce port une grande quantité de toiles de coton et d'étoffes de soie, fabriquées en Chine, et de plus des porcelaines chinoises, de la cire et des épiceries. Ce commerce montait à plus de deux millions d'écus.

Telle est l'importance que prit le commerce des étrangers avec l'Amérique. Sous le règne de Charles II, environ 160,000 étrangers, établis en Espagne, en exerçaient presque le monopole, au préjudice des nationaux. Sur 54 millions de denrées et de marchandises, qui étaient nécessaires aux besoins des colonies, ils en fournissaient 50; et en retour ils recevaient 77 millions de livres des 85 millions qui sortaient tous les ans du nouveau monde.[1]

CHAPITRE DEUXIÈME.

Pour remédier à ce mal, et pour faire refleurir le commerce, il n'y avait qu'un moyen : c'était de venir au secours de l'industrie, afin de mettre le royaume en état de suffire à ses propres besoins et à ceux de ses colonies. Mais la ruine de l'industrie était consommée; il eût fallu tout une révolution dans le caractère national et dans la politique de la dynastie régnante, pour la relever de

1 Mignet, Négociations relatives à la succession d'Espagne. Introduction, p. 30.

sa ruine[1]. On essaya de la ranimer par des moyens artificiels, mais on ne réussit qu'à hâter sa décadence.

Il y avait une loi qui s'opposait à l'importation des marchandises de Barbarie; mais comme l'Espagne ne pouvait se passer des cuirs, du cordouan et des drogueries de cette contrée, les étrangers s'emparèrent de ce commerce, et introduisirent par fraude ces marchandises en Espagne[2]. En 1623, Philippe IV défendit l'importation des articles de luxe manufacturés à l'étranger, sous peine de confiscation et d'une amende de 30,000 maravédis, à partager entre le roi, le juge et le dénonciateur.[3] Cette loi somptuaire renouvelée du règne précédent ne put être exécutée, car il n'y avait plus en Espagne de manufactures où l'on travaillât l'or et l'argent[4]. Au commencement du 18.e siècle il fut défendu aux Espagnols de s'habiller d'étoffes de laine ou de soie de fabrique étrangère. Mais cette défense demeura sans effet et ne fit qu'entraver le commerce sans ranimer l'industrie.[5]

D'autres lois défendaient l'exportation d'une foule d'articles qu'on voulait maintenir en abondance et à bon marché dans le royaume. Il était défendu, sous peine de confiscation des biens, d'exporter du blé[6]. L'exportation

1 « Si on examine de près le gouvernement de cette monarchie, on trouvera que le désordre y est excessif; mais que dans l'estat où sont les choses on ne peut presque y apporter de changement sans s'exposer à des inconvénients plus à craindre que le mal même, et il faudroit une révolution entière avant d'establir un ordre parfait dans cet Estat. » (Opinion du comte de Rebenac.)

2 Ranke, t. I.er, p. 406.

3 Campomanès, *Apendice*, t. V, p. 224, note.

4 Campomanès, *Educacion popular*, t. I.er, p. 341.

5 Ulloa, 1.re partie, p. 7.

6 Ranke, t. I.er, p. 407. — Au contraire, en 1756, une ordonnance du Roi, contresignée par le comte de Valdeparayso, exemptait de tout péage les blés exportés sur des vaisseaux espagnols. On encourageait ainsi et l'agriculture et le commerce. Voyez Campomanès, *Apendice*, t. II, p. 28.

des cuirs était pareillement défendue[1]. Les Cortès demandèrent imprudemment qu'on interdît l'exportation des soies fabriquées dans le royaume, et qu'on permît l'importation de celles de l'étranger[2]. Sous Charles II on prohiba en effet la sortie des soies, et de plus celle du fer, de l'acier brut, des laines moyennes et communes. Ce prince avait songé à prohiber également l'extraction des laines fines du royaume; mais il y renonça, parce qu'il n'y avait pas en Espagne assez de manufactures pour en employer la moitié[3]. Toutes ces lois étaient dictées par une politique aussi étroite qu'imprévoyante, et elles ne faisaient que nuire au commerce, sans produire le bien qu'on en attendait.

On avait promulgué des lois semblables et qui ne faisaient qu'entraver le commerce à l'intérieur, dans l'espérance illusoire de maintenir le bas prix des marchandises en Espagne. Il était défendu d'y acheter du blé pour le revendre; de conduire au marché des animaux vivants pour être vendus à d'autres personnes qu'aux consommateurs; d'acheter pour les revendre des cuirs non préparés[4]. Les Cortès demandaient que personne ne pût acheter de la garance, si ce n'est le drapier lui-même[5]. Cette manie de réglementer toutes les transactions commerciales, et la nécessité qui en résultait de faire et de défaire sans cesse des lois inutiles ou funestes, ont contribué à la décadence du commerce en Espagne; car le commerce ne peut se passer d'une certaine liberté.

1 Ranke, t. I.er, p. 407.
2 *Ibid.*
3 Ustariz, 2.e partie, p. 54 et 55.
4 Ranke, t. I.er, p. 407.
5 *Ibid.*, p. 408.

Le gouvernement recourut à bien d'autres moyens encore pour ranimer le commerce, mais ils n'eurent pas des résultats plus heureux. Une mesure qui aurait pu devenir utile, c'était l'établissement de caisses d'épargne ou monts de piété à l'imitation de ceux d'Italie. Mais rien n'indique que cette mesure, ordonnée par Philippe IV, ait reçu seulement un commencement d'exécution.[1]

Une mesure d'une portée bien autrement grande, c'était le blocus continental contre l'Angleterre, commencé par Philippe II. Bertrand de La Mothe-Fénélon raconte dans une de ses dépêches adressées à la reine Catherine de Médicis, que l'ambassadeur d'Espagne à Londres vint le trouver un jour pour lui proposer un blocus continental contre Élisabeth[2]. La raison qu'il alléguait, était de contraindre cette reine et ses sujets à retourner à la religion catholique; son motif véritable était de ruiner le commerce de l'Angleterre au profit de celui de l'Espagne, qu'on aurait délivré d'une concurrence redoutable. L'ambassadeur de France refusa d'accéder à la demande de l'envoyé de Philippe II. Mais le Portugal, entraîné par l'ascendant de l'Espagne, ferma ses ports au commerce de l'Angléterre[3], et un malaise général se fit ressentir dans ce royaume. Un grand nombre d'ouvriers en laine se

1 *Despues de aver (con el studio que la materia requiria) tenido varias conferencias, se avia resuelto, que en ninguno, como en los montes de piedad o en los erarios, concurrian las calidades referidas*... (pour diminuer les maux qui affligeaient la monarchie). CESPEDES *y* MENESES, *Felipe quarto.* Liv. IV, chap. 5, p. 290.

2 Lettre secrète à la reine par l'ambassadeur de France à Londres, le 28 décembre 1568. — Voyez la correspondance diplomatique de Bertrand de Salignac de La Mothe-Fénélon, ambassadeur de France en Angleterre de 1568 à 1575; publiée par M. COOPER. Paris et Londres, 1838; t. I.er, p. 70.

3 Dépêche du 21 juin 1569; t. II, p. 38.

mutinèrent; car depuis la suspension de tout trafic avec le Portugal, l'Espagne, la Flandre et les autres provinces qui dépendaient de la monarchie de Philippe II, ils manquaient de travail, et prévoyaient leur ruine complète. Élisabeth, pour se venger, soutint les révoltés des Pays-Bas, et lança de hardis aventuriers sur toutes les mers. La Mothe-Fénélon se réjouit plus d'une fois, quand il apprit les tentatives d'Hawkins en Amérique, ou quand Winter amenait dans la Tamise les galions qu'il avait capturés. Si Philippe II avait réussi dans ses projets de domination en France, et s'il était parvenu à étouffer l'insurrection de la Flandre, l'Angleterre aurait été menacée sérieusement. Mais les désastres qu'il essuya vers la fin de son règne, ruinèrent toutes ses espérances, et le blocus continental, qu'il avait décrété contre l'Angleterre, fut levé tacitement, sans que le commerce de l'Espagne en eût tiré un avantage réel.

Parmi les causes secondaires de sa décadence, il faut citer en première ligne le préjugé nobiliaire contre les commerçants. L'honneur d'un commerçant, disait un adage espagnol, est plus fragile que celui d'une vierge, *el honor de un commerciante es mas delicado que no el de una doncella*[1]. Un Grand d'Espagne, qui avait vendu les laines de ses troupeaux, fut méprisé de ses égaux et flétri du surnom de *mercador*[2]. C'était déroger que de se livrer au commerce. Aussi les gentilshommes ruinés préféraient-ils entrer en service comme domestiques, car, il y avait un autre adage castillan qui disait que, dans la domesti-

1 GUÉROULT, Lettres sur l'Espagne, p. 352.

2 *Dell' Honore stranaturato di Spagna, et della Lega disciolta de gli Olandesi Discorsi l'anno* 1683, *folio* 58 *verso*. — Voyez Manuscrits français de la bibliothèque du Roi, Supplément français, n.° 63.

cité la noblesse sommeille, mais que dans le commerce elle périt.[1]

L'origine de ce préjugé est sans doute la même que celle du préjugé contre l'industrie. Les descendants des vieux chrétiens des montagnes dédaignèrent les occupations mercantiles des Juifs et des Maures ; les pecheros imitèrent l'exemple des hidalgos, et alors le commerce fut frappé d'une réprobation générale. Le gouvernement aurait dû s'efforcer d'inspirer à la nation des idées plus saines ; mais il ne sut pas comprendre sa mission. A l'époque où Louis XIV rendait cette ordonnance célèbre, par laquelle il déclare, que *le commerce maritime ne déroge pas à la noblesse* [2], Charles II signifiait aux marchands français, génois, flamands et portugais, qui résidaient à Madrid, de changer de demeure et d'aller loger à l'avenir dans la rue d'Atocha. Ceux qui n'obéiraient pas à cette ordonnance dans le délai d'un mois, étaient menacés de voir leurs marchandises confisquées au profit du roi. L'ambassadeur de France réclama en vain contre cette ordonnance étrange. Il eut de la peine à obtenir une prolongation de deux mois du terme fixé[3]. Ainsi le gouvernement de Charles II reléguait les marchands dans un

1 Guéroult, Lettres sur l'Espagne, p. 352. — On lit dans l'itinéraire descriptif de l'Espagne par M. De Laborde : « Le comte de Froberg, avec lequel j'ai voyagé en Espagne, ayant eu besoin d'un domestique, il se présenta pour entrer chez lui un homme des montagnes de S. Ander, auquel il dit d'aller chercher ses certificats, et qu'il se déciderait s'ils étaient en règle. Cet homme ne comprenant pas ce qu'on lui demandait, rapporta les titres les plus authentiques de noblesse depuis le roi Ordogne II. » Introduction, p. 154.

2 Voyez son édit de 1669, par lequel il essaya de détruire le préjugé qui faisait regarder le négoce et les spéculations commerciales comme l'apanage des *gens de petit état.*

3 Mémoire de M. le comte de La Vauguion, sur ce qui s'est passé pendant son ambassade en Espagne en 1682 et 1683. — Voyez Manuscrits français de la bibliothèque du Roi, Supplément français, n.° 137.

quartier à part, comme si leur contact avait eu quelque chose d'impur. Faut-il s'étonner, après cela, s'il n'y avait à Madrid que trois ou quatre banquiers castillans[1], et si presque tout le commerce était entre les mains des étrangers?

C'est sans doute à ce même préjugé qu'il faut attribuer l'incurie du gouvernement, pour améliorer les ports de l'Espagne, pour creuser des canaux, pour construire des grandes routes. Les vaisseaux à l'ancre dans le port de Saint-Sébastien n'y étaient point à l'abri de la tempête; il s'y trouvait à peine assez d'eau pour les barques et les chaloupes. Les vaisseaux de guerre se tenaient au Passage, mais ce port n'était guère en meilleur état que celui de Saint-Sébastien.[2]

Encore aujourd'hui la plupart des ports de l'Espagne sont tels que la nature les a faits : la main de l'homme ne les a rendus ni plus sûrs, ni plus commodes[3]. Aussi trouve-t-on des provinces admirablement favorisées par la nature, et qui ne se livrent pas au commerce maritime, faute d'un bon port[4]. L'Espagne n'a pas eu de ministres qui aient songé, comme Sully et Colbert, à doter leur pays de canaux et de grandes routes; et cependant la nécessité d'établir de meilleures communications était bien pressante; car en Espagne presque toutes les grandes villes sont éloignées du centre, et situées aux extrémités du royaume. Le transport des denrées de la

1 *Dell' Honore stranaturato, etc., folio 58 verso.*

2 Voyage d'Espagne fait en 1655, p. 7.

3 *Informe de la Sociedad economica de Madrid al Real y supremo Consejo de Castilla, por don Gaspar Melchior de Jovellanos*, p. 216. Madrid, 1820.

4 *Ibid.*

Castille à Séville, à Cadix, à Valence, à Barcelonne, à Malaga, était long et partant difficile et dispendieux. La Castille aurait trouvé dans les Asturies un débouché pour les vins des districts de Rueda, de Nava et de Seca; mais les communications entre ces deux provinces étaient d'une telle difficulté, que souvent les marchands de Barcelonne envoyaient leurs vins par mer dans les ports des Asturies, et les y vendaient au préjudice de ceux de la Castille.[1] Même incurie pour creuser des canaux et pour améliorer le cours des fleuves. L'Èbre et le Tage ne devenaient navigables qu'à peu de distance de leur embouchure. A dix lieues au-dessus de Séville on pouvait passer à gué le Guadalquivir[2]. Cependant les Maures avaient rendu ce fleuve navigable depuis Séville jusqu'à Cordoue, et il l'était encore à l'époque de Pierre le Cruel. En 1626, Philippe IV donna ordre de rétablir les ouvrages par lesquels les Maures avaient entrepris de resserrer son lit.

« Le Roi, aux Juges et Conseil de la ville de Séville « savoir faisons qu'estimant que la navigation des principales rivières de mon royaume est un des moyens les « plus efficaces pour y rétablir le commerce et le repeu« pler, j'ai résolu de faire travailler à rendre le Guadal« quivir navigable depuis Séville jusqu'à Cordoue. A cet « effet j'ai mandé des *ingénieurs flamands* pour examiner « et aplanir les obstacles de cette navigation, et pour le « présent j'ai donné à Don Gaspar Boniface, mon corré« gidor de Cordoue, la surintendance de cette entreprise, « avec pouvoirs tels et dans telle étendue que je l'ai dé-

1 *Informe de la Sociedad economica de Madrid al Real y supremo Consejo de Castilla, por don Gaspar Melchior de Jovellanos*, p. 204 Madrid, 1820.

2 Journal d'un voyage en Espagne, p. 276. Paris, 1669.

« claré dans une autre Cédule; et comme le bien public « qui en résultera est notoire, et que Séville même s'en « ressentira par l'extraction facile de ses denrées, et par « le bon marché qu'elle éprouvera sur celles des provinces « circonvoisines, persuadé que vous me servirez dans cette « occasion comme vous avez toujours fait, je vous enjoins « et vous ordonne d'aider ledit Gaspar Boniface de tout « votre pouvoir en tout ce qui vous paraîtra utile à cet « objet, et de prendre dès à présent des arrangements pour « lever ou trouver les fonds de la portion dont vous devez « contribuer à la dépense de cette navigation, afin que « votre empressement et votre bon exemple passent aux « villes qui sont susceptibles de cet avantage; et en ce « faisant, vous ferez quelque chose de très-agréable pour « mon service. [1] »

Fait à Madrid, le 23 décembre 1626.

Moi le Roi.

Malgré cette déclaration si pressante, rien ne fut achevé. En 1726 il n'y avait encore que deux lieues de navigables entre Séville et Cordoue sur vingt-quatre[2]. Au 18.e siècle le gouvernement ne mit guère plus d'activité à établir de nouvelles communications. En 1761 il entreprit simultanément la construction de quatre grandes routes pour faciliter le commerce entre Madrid et les provinces de Valence, de Catalogne, de Galice et d'Andalousie. A ces grandes routes devaient s'en rattacher d'autres qui auraient établi des communications entre ces provinces et les Asturies, la Murcie et l'Estramadure. Or qu'advint-il

1 Ulloa, 1.re partie, p. 91.
2 *Ibid.*, p. 92.

de ce magnifique projet? Les travaux furent commencés immédiatement, mais trente ans après il n'y eut pas une seule de ces routes qui fût achevée de moitié.[1]

Si les communications étaient difficiles à cause du défaut de canaux et de grandes routes, elles l'étaient encore plus à cause du nombre prodigieux de brigands qui infestaient le pays. Il était peu sûr de traverser sans escorte les gorges de la Sierra-Morena; moins sûr encore de parcourir les montagnes de la Galice ou de la Manche. Le Manchego s'embusquait volontiers derrière quelque petit bois de sapins pour attendre et dévaliser le marchand qui avait l'imprudence de voyager sans se faire accompagner de quelques escopeteros[2]. La ville de Tudela en Navarre, située sur les confins de l'Aragon, de la Castille et de la Biscaye, était la retraite habituelle des bandits du nord de l'Espagne[3]. Ils s'y réunissaient souvent en grand nombre pour exercer leurs brigandages avec impunité, et aussi pour faire la contrebande à main armée, sans que le gouvernement réprimât leurs violences. Elles devinrent telles qu'à la fin on proposa de ranger ce commerce illicite au nombre des crimes dont la connaissance était réservée à l'inquisition, et Philippe II chargea les tribunaux du saint office de poursuivre au moins ceux de ces contrebandiers armés qui vendaient des chevaux en France.[4]

Le commerce maritime n'était pas plus protégé que celui de terre. Les côtes de l'Espagne étaient infestées par des pirates, et les Grands qui commandaient nominalement les flottes du royaume, ne se souciaient pas de

1 Jovellanos, p. 209.
2 Guéroult, Lettres sur l'Espagne, p. 309.
3 Voyage d'Espagne fait en 1655, p. 305. Paris, 1665.
4 Llorente *passim*.

s'embarquer pour mettre de vils marchands à l'abri de leurs insultes [1]. Aussi les Barbaresques étaient-ils maîtres de la mer. Ils descendaient fréquemment sur le rivage pour piller et pour enlever des esclaves. Souvent ils remontaient l'Èbre et les autres grands fleuves pour pénétrer dans l'intérieur des terres; quelquefois ils faisaient des prises à la vue des frégates et des vaisseaux de guerre de l'Espagne, qui ne pouvaient approcher autant qu'eux des côtes, et assistaient sans agir à des luttes inégales. [2] Il en résulta que le commerce d'un port à un autre fut abandonné, et que les étrangers, mieux armés, en enlevèrent les profits aux nationaux. A la fin les pêcheurs eux-mêmes n'osèrent plus s'aventurer à quelque distance du rivage, car les corsaires fondaient sur leurs frêles embarcations, et s'en allaient vendre leurs prisonniers sur les marchés d'Alger, de Tunis et de Tripoli. Aussi les pêcheries les plus productives furent-elles abandonnées. Celle des thons à Conil [3] avait rapporté autrefois 80,000 ducats par an au duc de Medina Sidonia; elle n'en rapportait plus que 8000 sous Charles II [4]. Ce fut surtout aux Catalans que les pirateries des Barbaresques portèrent un coup funeste. Ils avaient envoyé jadis des consuls à Tunis, au Caire, à Constantinople, à Alexandrie; et il ne

1 *Monarchia di Spagna*, p. 35. Ce pamphlet italien est de la fin du 17.e siècle. On y représente le roi discourant avec ses ministres sur l'état du royaume, lorsqu'arrive un nonce qui se plaint d'avoir été poursuivi par des corsaires jusque sur les côtes d'Espagne. S'il est parvenu à leur échapper, c'est par une espèce de miracle. Mais les brigands de terre ont achevé ce qu'avaient commencé ceux de mer. Ils ne lui ont laissé que la chemise et la dépêche sacrée qu'il porte au roi; et s'il ne s'était trouvé un cavalier de Valence qui, par compassion pour le pauvre étranger, lui donna un vêtement et quelque argent pour le voyage, il n'aurait pu se rendre sitôt auprès de Sa Majesté.

2 Ulloa, 2.e partie, p. 21.

3 Petit port de l'Andalousie, dans le duché de Medina Sidonia.

4 Ulloa, 2.e partie, p. 45.

paraît pas même que la découverte de l'Amérique et de la route maritime pour aller aux Indes ait beaucoup nui à leur commerce, s'il est vrai que Charles-Quint attachait plus d'importance réelle à son titre de comte de Barcelonne qu'à celui d'empereur romain [1]. Leur soumission à la couronne de Castille fut la première cause de la ruine de leur commerce; car les Castillans les associèrent à leurs guerres et à leurs désastres, et ne les associèrent point à leur commerce avec le Mexique et le Pérou. Réduits au commerce de la Méditerranée, les Catalans virent bientôt leurs relations avec le Levant interrompues par les Turcs et les Barbaresques. La conquête de l'Égypte par Sélim II, la formation des régences d'Alger, de Tunis et de Tripoli, qui suivit de près cette conquête, et les victoires navales remportées par les Turcs sur les flottes réunies d'Espagne et de Venise [2], les exclurent du commerce d'Alexandrie, de Smyrne et de Constantinople [3]. Ils n'osèrent plus entreprendre de longs voyages depuis que les Turcs et les Barbaresques couvraient la mer de leurs vaisseaux; mais ils furent réduits à fortifier contre eux les lieux de débarquement, à construire des tours à l'embouchure du Llobregat et de l'Èbre pour annoncer par des signaux leur apparition redoutée; car les Barbaresques venaient quelquefois avec vingt, cinquante et jusqu'à cent vaisseaux, jetant partout l'épouvante et la terreur [4]. Ainsi la Catalogne, exclue du commerce du Levant par les Turcs, et du commerce des Indes par la grande monarchie à laquelle elle était unie pour son malheur, se replia sur elle-même

1 Ranke, p. 421.
2 En 1538.
3 Capmany, t. I.er, 1.re partie, p. 182.
4 *Ibid.*, *passim*.

et ne fit plus que languir jusqu'à l'avénement de la dynastie des Bourbons.

Avec l'avénement de cette dynastie commença pour la Catalogne et pour l'Espagne entière une ère nouvelle. Des lois sages et bienfaisantes réveillèrent la nation de ce sommeil léthargique dans lequel elle était plongée. Sous l'administration éclairée des Bourbons, le commerce et l'industrie se ranimèrent, l'agriculture fut remise en honneur. En moins d'un siècle, l'Espagne réorganisa ses armées de terre, rétablit sa marine, doubla sa population. La littérature, elle aussi, reçut une impulsion nouvelle, lorsque Philippe V eut fondé l'académie de l'histoire et l'académie du langage. Toutefois, il faut bien le dire, le changement ne fut pas complet; il s'arrêta à la surface du pays et ne pénétra point dans ses entrailles. L'influence française rencontra des obstacles trop puissants, des préjugés trop enracinés; il fallait les amoindrir d'abord avant de les prendre corps à corps pour les vaincre et pour les détruire. Ce n'était pas dans l'espace d'un siècle que l'on pouvait accomplir une pareille œuvre. Mais au moins il a été donné à un prince français de la commencer. C'est à la nation française qu'il appartient de la poursuivre : son honneur et sa sécurité sont désormais également intéressés à la régénération de l'Espagne.

Vu et lu, à Paris, en Sorbonne, le 22 juin 1839,
par le Doyen de la Faculté des lettres de Paris,
J. Vict. LE CLERC.

Permis d'imprimer :

L'Inspecteur général des études, chargé de l'administration de l'Académie de Paris,
ROUSSELLE.

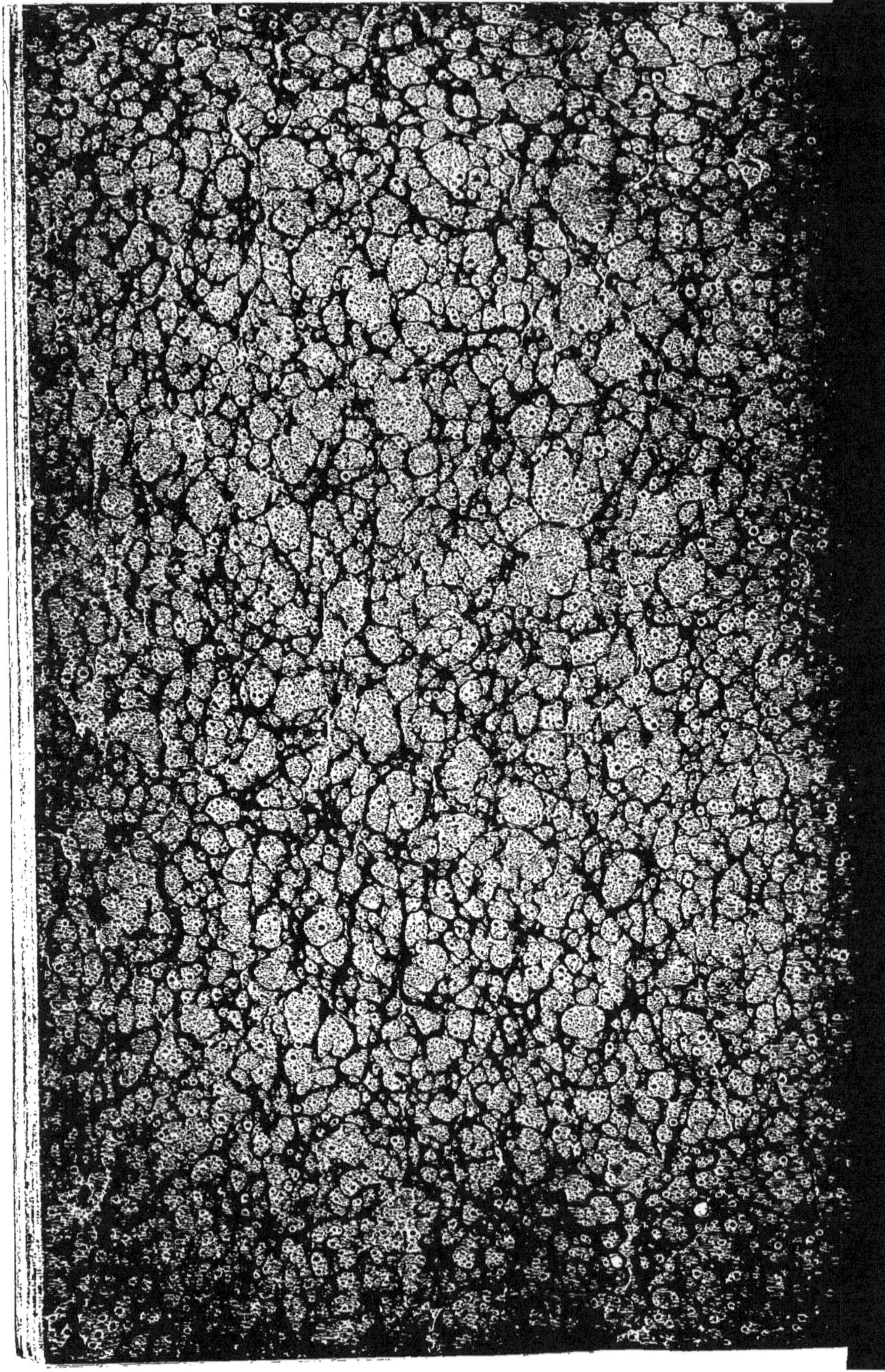

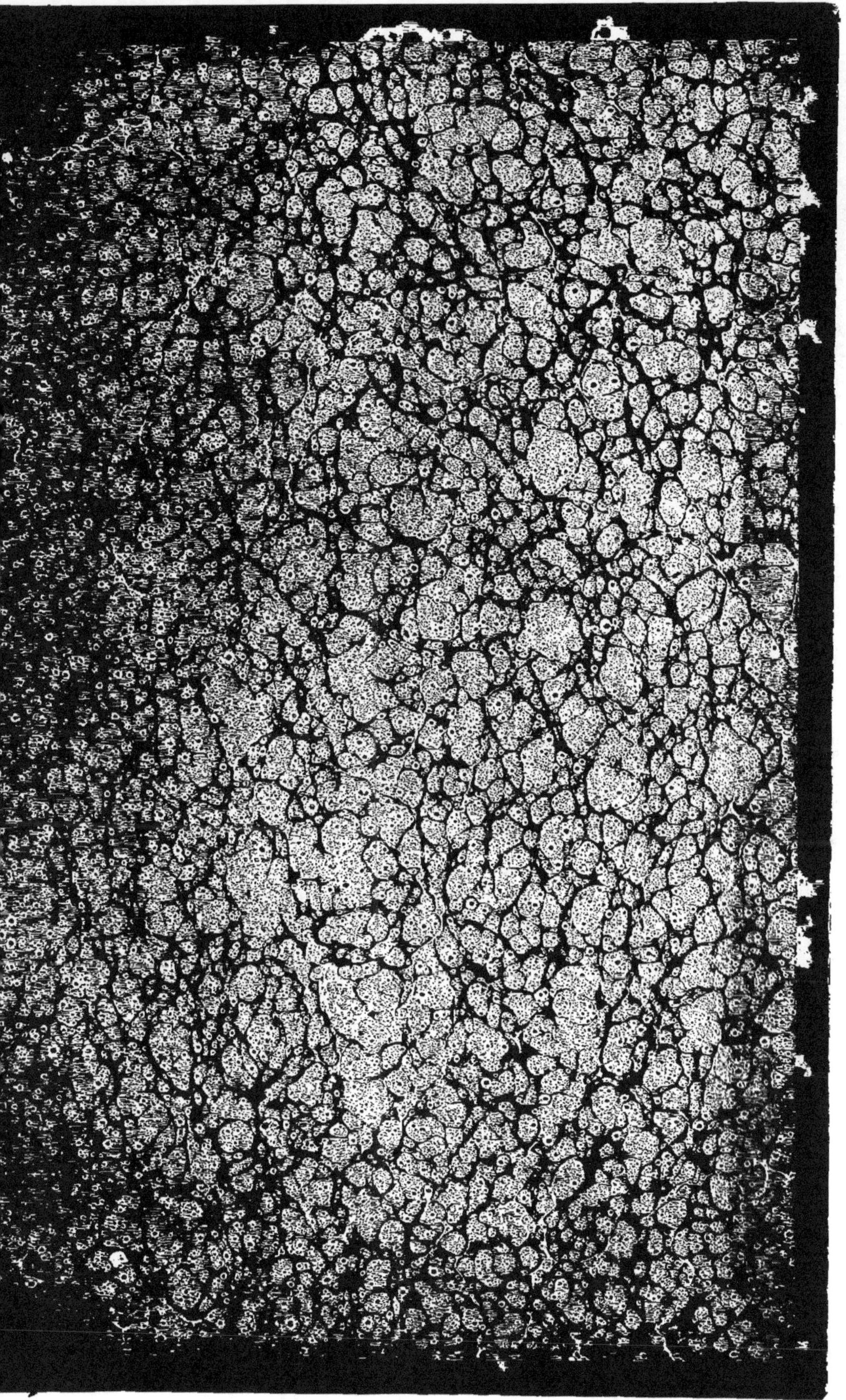

www.ingramcontent.com/pod-product-compliance
Lightning Source LLC
LaVergne TN
LVHW020353230826
846091LV00003B/1089

* 9 7 8 2 0 1 3 6 6 2 1 9 2 *